Bibliografische Information der Deutschen Nationalbibliothek:

Die Deutsche Nationalbibliothek verzeichnet diese Publikation in der Deutschen Nationalbibliografie; detaillierte bibliografische Daten sind im Internet über http://dnb.d-nb.de abrufbar.

Impressum:

Lektorat: Verena Reiser

Ein Imprint der GRIN Verlags GmbH

Druck und Bindung: Books on Demand GmbH, Norderstedt, Germany

Coverbild: pixabay.com

Bad Virus. Pandemien und ihre Auswirkungen auf die Wirtschaft

Jan-Hendrik Boerse: Business Continuity Management bei Pandemien... 7

Abkürzungsverzeichnis ... 8

Abbildungsverzeichnis ... 10

1 Einleitung ... 11

2 Business Continuity Management ... 14

3 Pandemien ... 34

4 BCM in den verschiedenen Stadien einer Pandemie ... 39

5 Fazit ... 79

6 Literaturverzeichnis ... 83

André Grimmelt: Pandemien. Herausforderung für das Risikomanagement von Unternehmen? ... 89

Abbildungsverzeichnis ... 90

1 Einleitung ... 91

2 Pandemien ... 94

3 Volkswirtschaftliche Effekte einer Pandemie ... 110

4 Auswirkungen einer Pandemie auf das einzelne Unternehmen ... 122

5 Pandemie – eine Herausforderung für das Risikomanagement? ... 129

6 Pandemieplanung als Bestandteil des Risikomanagements ... 141

7 Fazit ... 154

Quellenverzeichnis ... 156

Birgit Schröder: Krisenmanagement im Fall einer Epidemie am Beispiel des EHEC-Ausbruchs 2011 in Deutschland und seine Bedeutung für den pflegerischen Alltag ... 171

Abkürzungsverzeichnis ... 172

Glossar ... 172

1. Einleitung ... 173

2. Die Infektionserkrankung ... 175

3. Krisenmanagement des Bundes und der Länder ... 179

4. Krisenmanagement der Krankenhäuser ... 186

5. Schlussbetrachtung und Ausblick ... 188

6. Literaturverzeichnis ... 191

Einzelbände ... 193

Jan-Hendrik Boerse: Business Continuity Management bei Pandemien

2007

Abkürzungsverzeichnis

afp	Agence France-Presse (französische Nachrichtenagentur)
AIDS	Acquired Immune Deficiency Syndrome
AIIM	International Authority on Enterprise Content Management
ASIS	American Society for Industrial Security
BC	Business Continuity
BCI	Business Continuity Institute
BCM	Business Continuity Management
BCP	Business Continuity Plan
BDA	Bundesverband der deutschen Arbeitgeberverbände
BGDP	Berufsgenossenschaft Druck und Papier
BIS	Bank for International Settlements
BMI	Bundesministerium des Innern
BoJ	Bank of Japan
BSI	British Standards Institute
bspw.	beispielsweise
bzw.	beziehungsweise
CMP	Crisis Management Plan (Krisenmanagementplan)
CRM	Customer Relationship Management
DRII	Disaster Recovery Institute International
DRJ	Disaster Recovery Journal
ECM	Enterprise Content Management
EOC	Emergency Operations Center (Krisenleitstand)
etc.	et cetera
evtl.	eventuell
Fed Ex	Federal Express
GL	Geschäftsleitung
H.I.L.F.	High Impact, Low Frequency
HKMA	Hong Kong Monetary Authority
HRM	Human Resource Management
IAS	Institut für Arbeits- und Sozialhygiene
IfSG	Gesetz zur Verhütung und Bekämpfung von Infektionskrankheiten beim Menschen
IMF	International Monetary Fund

IT Informationstechnologie

m. E. meines Erachtens

MAO Maximum Acceptable Outage (Max. tolerierbare Ausfallzeit)

MAS Monetary Authority of Singapore

NFPA National Fire Protection Agency

o.V. ohne Verfasser

o.J. ohne Jahresangabe

RKI Robert Koch Institut

RM Risikomanagement

RPO Recovery Point Objektive (Wiederherstellungszeitpunkt)

RTO Recovery Time Objective (Wiederherstellungszeitraum)

SARS Severe Acute Respiratory Syndrome

SCM Supply Chain Management

SPE Special Purpose Entity (Einzweckgesellschaft)

SWOT Strength, Weaknesses, Opportunities, Threats

u. a. unter anderem

U.K. United Kingdom

UPS United Parcel Service

vgl. vergleiche

WDA Wiederanlauf

WDH Wiederherstellung

WHO World Health Organisation

z. B. zum Beispiel

ZEW Zentrum für europäische Wirtschaftsförderung GmbH

Abbildungsverzeichnis

Abbildung 1: Eine mögliche Schnittstellenplanung zwischen RM und BCM
Quelle: Eigene Darstellung

Abbildung 2: Kausalbeziehungen innerhalb eines Störprozesses
Quelle: Eigene Darstellung

Abbildung 3: Laufendes BCM vor Eintritt eines Notfalls
Quelle: Eigene Darstellung

Abbildung 4: Der BCM-Prozess in den verschiedenen Stadien einer Pandemie
Quelle: Eigene Darstellung [WHO-Einteilung in Anlehnung an WHO Phaseneinteilung (2005)]

Abbildung 5: Das Model einer Wertkette
Quelle: Porter, M. E. (1999), S.66

Abbildung 6: Top Earnings Drivers by Industry
Quelle: Monahan, S., Laudicina, P., Attis, D. (2003), "National Association of Corporate Treasurers and FM Global", S. 11

Abbildung 7: Demand Impact Analysis
Quelle: Eigene Darstellung

Abbildung 8: Modell einer Vertreterregelung
Quelle: Eigene Darstellung

Abbildung 9: Monitoring interner und externer Entwicklungen
Quelle: Eigene Darstellung

1 Einleitung

1.1 Diseconomies of risk und zeitgemäße Antworten

Die Managementtheorien des letzten Jahrzehnts verfolgen nahezu alle die Steigerung der Erträge durch eine gezielte Erhöhung der Effizienz. Ansätze wie „Just-In-Time“, „Global Sourcing”, “Vendor-managed-inventory” und “Outsourcing” sowie der zunehmende Einfluss der Informationstechnologie auf die Geschäftsprozesse erhöhten die Ertragspotentiale der Unternehmen weltweit. Gleichzeitig steigerte diese Entwicklung jedoch auch deren Verwundbarkeit und Größtrisikopotentiale überproportional, was als „diseconomies of risk“ bezeichnet wurde.[1] Dies bewegte Gesetzgeber und Unternehmenslenker zunehmend, den alten und neuen Risiken der unternehmerischen Tätigkeit in Form eines Risikomanagements (RM) entgegenzutreten, welches „den Fortbestand eines Unternehmens durch Absicherung der Unternehmensziele gegen störende Ereignisse sichern“ soll.[2]

Der erwartete Schaden eines identifizierten Risikos soll dabei durch den klassischen Mix aus Risikomeidung, -minderung und -transfer auf ein akzeptables Niveau reduziert werden, das als verbleibendes Netto- oder Restrisiko selbst getragen werden kann.

Dieses Vorgehen stößt jedoch bei Bedingungsrisiken mit hohem Schadenpotential und einer geringen Eintrittswahrscheinlichkeit (High-Impact-Low-Frequency, H.I.L.F.-Risiken), wie Terrorismus oder nuklearen Zwischenfällen, an Grenzen. Da Bedingungsrisiken aus nicht gestaltbaren Rahmenbedingungen des Unternehmens resultieren, ist eine Einflussnahme auf die Eintrittswahrscheinlichkeit sowie die bewusste Meidung des Risikos auszuschließen. Somit reduzieren sich die Möglichkeiten auf wirkungsbezogene Maßnahmen zur Risikominderung sowie den Risikotransfer. Letzterer erfordert jedoch eine exakte Bewertung des erwarteten Schadens, was aufgrund des Mangels an Erfahrungswerten (Low Frequency) schwierig ist. Folglich lassen sich kaum Zessionare finden, die diese Risiken zu einem angemessenen Preis übernehmen würden. Ohnehin nicht transferierbar sind dabei qualitative Risiken, die den Verlust menschlichen Lebens, der Reputation des Unternehmens oder eine drohende Schließung des Geschäftsbetriebes beinhalten.

---

[1] Vgl. Haller, M., Wehowsky, S. (2001), S. 3, Haller, M. (2006)

[2] Romeike, F. / Müller-Reichart, M. (2005), S. 397

Daher wird es im Ernstfall unabwendbar, das gesamte qualitative und quantitative Schadenpotential allein mit den wirkungsbezogenen Maßnahmen der Risikominderung zu bewältigen.

Business Continuity Management (BCM) ist ein ganzheitlicher Managementprozess, welcher durch Planung präventiver Maßnahmen, gezielte Vorbereitung eines Notfall- und Krisenmanagements sowie unverzüglicher Wiederherstellung unterbrochener Prozesse die Stabilität einer Organisation in Notlagen gewährleisten und eine Unterbrechung des Geschäftsbetriebs trotz widriger Umstände vermeiden soll.[3] Dieser Ansatz wurde in unternehmerischem Kontext Mitte der 1980er Jahre in den USA zum ersten Mal unter dem Namen „Disaster Recovery" bekannt und sollte dem Risiko eines Ausfalls der Informationstechnologie, das mit zunehmender Abhängigkeit der unternehmerischen Prozesse zu einem schwer beherrschbaren Potential herangewachsen war, begegnen. Erst Mitte der 1990er Jahre führte eine Reihe von Katastrophen dazu, diese Notfallplanung auf weitere Risiken auszuweiten. Als am 11. September 2001 zwei Flugzeuge in die Zwillingstürme des World Trade Centers stürzten, hatte keines der dort ansässigen Unternehmen einen Notfallplan für ein solches Szenario entwickelt. Dass dennoch einige Unternehmen wie Morgan Stanley, Cantor Fitzgerald oder American Express innerhalb weniger Stunden wieder den Geschäftsbetrieb fortsetzen konnten, verdanken sie der Vorbereitung auf verschiedene Zwischenfälle, die neben einem Ausfall der IT beispielsweise auch den Verlust von Betriebsgebäuden als mögliches Szenario in Betracht zogen.[4]

Die veränderte Risikowahrnehmung nach dem 11. September 2001 verstärkte in den folgenden Jahren weltweit die Bemühungen zur Entwicklung diverser Ansätze und Richtlinien, in welcher Form BCM gestaltet werden müsse, um vergleichbaren Risiken adäquat begegnen zu können.[5] In Ermangelung eines einheitlichen Standards weisen diese jedoch zum Teil grundlegende Unterschiede in Bezug auf Vollständigkeit und Detaillierungsgrad auf, was den Erfolg stark vom zugrunde gelegten Ansatz abhängig macht.

Mit der seit 2003 verstärkten Diskussion um Pandemien, der weltweiten Ausbreitung einer Infektionskrankheit, rückt nun ein weiteres Risiko in den Fokus

---

[3] Vgl. Monahan, S., Laudicina, P., Attis, D. (2003), S. 11, HKMA (2002), S. 8, Basel Committee on Banking Supervision (2006), S. 1, BCI (2005), S. 5

[4] Vgl. Stohr, E.A. / Rohmeyer, P. (2004), S. 1

[5] Vgl. Bank of Japan (2003), S. 2, HKMA (2002), S. 3, 1.2.1

der unternehmerischen Planung, das neue Anforderungen an die bestehenden Ansätze stellt. Diese konzentrieren sich bisher immer auf eine häufig unvorhersehbare, zu einem bestimmten Zeitpunkt eintretende Zerstörung meist lokaler Infrastrukturen und deren daraufhin notwendige Wiederherstellung innerhalb einer vorgegebenen Zeit. Die pandemische Bedrohung ist jedoch durch einen sich langsam anbahnenden und lang anhaltenden Notfallzeitraum gekennzeichnet, welcher vorrangig Ressourcen zerstört bzw. in ihrer Verfügbarkeit einschränkt und sich nicht auf das Unternehmen beschränkt, sondern nahezu alle Bereiche der Erde umfasst. Aufgrund seiner Komplexität, seines Schadenpotentials und der für bisherige Überlegungen neuartigen Notfallstruktur könnte das Risiko einer Pandemie zu einer Feuerprobe für das Business Continuity Management und die bisherigen Ansätze zu dieser Thematik werden.

1.2 Übersicht zu den einzelnen Kapiteln

Das vorliegende Buch untersucht auf Basis der bisher am weitesten verbreiteten Ansätze, wie BCM im Hinblick auf eine Pandemie erfolgen müsste, um das Ziel – Kontinuität der betrieblichen Kernfunktionen – sicherzustellen.

Dazu werden im 2. Kapitel zunächst die weniger offensichtlichen Beweggründe zur Implementierung eines BCM sowie dessen Schnittstellen zu anderen Managementprozessen dargestellt. Danach werden die verschiedenen Ausführungen und Richtlinien aus Europa, den Vereinigten Staaten, Japan, China und Südostasien zu einem generellen Vorgehen im Rahmen eines „idealtypischen BCM-Planungsprozesses“ sowie dem kontinuierlichen BCM vor einem Notfall verdichtet.

Das 3. Kapitel führt die Pandemie als Risiko ein und beschreibt die Wege ihrer Entstehung als Grundlage für internationale Einteilungen zur Einstufung der jeweiligen Gefährdung. Das Kapitel endet mit den aktuellen Annahmen zur Szenario-Entwicklung einer Pandemie in der Gegenwart.

Im 4. Kapitel wird der zuvor entwickelte „idealtypische BCM-Planungsprozess“ ohne Beschränkung auf eine bestimmte Branche an allgemein gültigen Modellen konkretisiert. Besonderheiten, die in Bezug auf die im 3. Kapitel gezeigten Annahmen als notwendig erscheinen, werden dabei ergänzt und entsprechend erläutert.

Das Buch schließt mit einem Fazit, welches sowohl eine kritische Würdigung der Eignung des BCM zur Bewältigung einer Pandemie als auch für bisher unbekannte Risiken beinhaltet. Abgerundet wird das Fazit durch die Klärung der Fragen, wie es möglich und weshalb es notwendig ist, die in der Krise einer Pandemie inhärente Chance zu nutzen und so möglicherweise wirtschaftlich gestärkt daraus hervorzugehen.

2 Business Continuity Management

2.1 Antriebskräfte zur Implementierung

Scheint es auch im ersten Moment selbstverständlich, dass Unternehmenslenker auch ohne gesetzliche Verpflichtungen wie dem § 91 Abs. 2 AktG alles daran setzen den Fortbestand ihres Unternehmens gegen existenzbedrohende Ereignisse zu schützen, so zeigt sich in der Realität, gerade bei der Trennung von Eigentum und Leitung eines Unternehmens, dass die Motivatoren zur Sicherung des Fortbestandes in erster Linie extrinsischer Natur sind. Zwar haben Ereignisse wie terroristische Angriffe, extreme Naturkatastrophen und die wiederholte Gefahr von Seuchen in der jüngeren Vergangenheit bei vielen Unternehmen die Sensibilität für derartige Risiken erhöht, „der größte Antrieb in BC zu investieren, ist (jedoch) tatsächlich die Einhaltung von Vorschriften."[6] Eine Tendenz, die bereits aus dem Risikomanagement bekannt ist, wenngleich in Umfragen die Erfüllung externer Vorgaben als Antrieb für die Implementierung eines BCM im Verhältnis zu einer Vielzahl von Pullfaktoren wie dem Schutz von Mitarbeitern oder der Steigerung der Produktivität nur mit 16 % bewertet wurde.[7] Für einige Unternehmen mit besonderer Bedeutung oder Gefahrenpotential für die Gesellschaft haben Gesetzgeber und Aufsichtsorgane die Vorbereitung auf Störungen der Betriebstätigkeit bereits explizit vorgeschrieben. Hierzu gehören neben der Finanzdienstleistungsbranche, die mehr als 1700 der Störfallverordnung unterliegenden Industrieanlagen sowie alle an der NYSE gelisteten Unternehmen.[8]

---

[6] AT&T/Cisco (2005), S. 3

[7] Vgl. BCI/IMP Events (2005), Table 7

[8] Vgl. für Finanzdienstleistungsunternehmen: MaRisk AT 7.3 Tz.1 und 2, Anlage1,
für Unternehmen, die der Störfallverordnung unterliegen: Zwölfte Verordnung zur Durchführung des Bundes-Immissionsschutzgesetzes (BImSchV 12 2000), für Unternehmen an der NYSE: U.S. Securities and Exchange Commission, NYSE Rule 446

Doch der Druck von außen nimmt auch für diejenigen Unternehmen stetig zu, die nicht zu einer regulierten Branche gehören.

So fordern Versicherer zunehmend die Einrichtung eines BCM als Voraussetzung für die Übernahme von Betriebsunterbrechungsrisiken und einige lassen sich dieses sogar von einem Wirtschaftsprüfer testieren.[9] Auch auf Seiten der Kapitalgeber wird BCM verstärkt gefordert. So verteuern sich im Zuge der Baseler Eigenkapitalverordnung beispielsweise die Kredite für ungesicherte Unternehmen, und Ratingagenturen wie AM Best vergeben Ratings im Investmentgradebereich nur noch, wenn ein Unternehmen zeigen kann, dass es Katastrophenereignisse zu meistern imstande ist, wobei sich die Szenarien auf zurückliegende Perioden von teilweise 250 Jahren beziehen.[10] Im speziellen Falle von Pandemien dürfte sich dieser Effekt bei Banken und Versicherern noch verstärken, wenn sich die Erkenntnis durchsetzt, dass die Pandemie als Kumulrisiko betrachtet werden kann. So würde bei einem Krankenversicherer schon der lokale Ausbruch einer ansteckenden Krankheit zu einem erhöhten Schadenbedarf durch Ansteckung innerhalb des versicherten Kollektivs führen. Da die Kapitalanlagen für diese Risiken nach dem in der Anlageverordnung[11] vorgeschriebenen Grundsatz der Belegenheit im gleichen Land bestehen müssen, würde ein gleichzeitig steigendes Marktrisiko diesen Effekt aktivseitig noch verstärken. Gleiches gilt für Banken im Rahmen des Kontrahentenrisikos aus bestehenden Kreditforderungen und dem Marktrisiko der Kapitalanlagen.

Nicht zuletzt versetzt gerade bei gewerblichen Kunden der verstärkte Einsatz von BCM als Wettbewerbsvorteil konkurrierende Unternehmen bei der Akquise von Neukunden in Zugzwang.[12] Der für 2007 erwartete zweite Teil des britischen BCM-Standards BS25999 könnte diesen äußeren Druck auf die Unternehmen noch weiter verstärken, da dann voraussichtlich ein europäischer Standard verfügbar ist, anhand dessen unabhängige Prüfer das BCM eines Unternehmens einheitlich zertifizieren können.[13]

---

[9] Vgl. o.V., Handelsblatt, (2006), AT&T / Cisco (2005), S.2

[10] Vgl. Shah, Hemant/Nakada, Peter (1999) zitiert nach: AM Best „Exposing Catastrophe Risk“ (1999), S.2, vgl. auch IAS-Stiftung (2006), S. 3

[11] Vgl. Verordnung über die Anlage des gebundenen Vermögens von Versicherungsuntern. (2004)

[12] Vgl. BCI (2005), S. 6

[13] Vgl. Sharp, John (o.J.)

2.2 Integration des BCM in andere Managementprozesse

Unternehmerisches Handeln wird zwangsläufig immer von diversen Gefahren, also dem Risiko einer negativen Abweichung von der erwarteten Entwicklung, begleitet.[14] Diese können unterschiedlichster Natur sein und bei ihrem Eintreten Ausmaße von Bagatellschäden bis zur Existenzzerstörung annehmen. Wenn ein Ereignis eingetreten ist, das existenzbedrohende Ausmaße anzunehmen imstande ist, spricht man sowohl in der Medizin als auch in der Betriebswirtschaft von einem Notfall.[15] Ein solcher Notfall erfordert zur Verhinderung einer Verschlechterung der Situation immer ein schnelles und wirksames Eingreifen, das so genannte Notfallmanagement.[16]

Sind die geeigneten Sofortmaßnahmen nicht offensichtlich, so kann es für die Beteiligten schwierig werden, wirksam zu reagieren. Häufig kann durch falsches Handeln die Situation dramatisch verschlimmert werden, bis sie subjektiv als „Katastrophe" wahrgenommen wird. Das Gefühl, mit einem Notfall oder einer gefährlichen Situation aus der Ermangelung wahrgenommener Handlungsmöglichkeiten heraus nicht richtig umgehen zu können, wird allgemein als Krise bezeichnet. Krisenmanagement steht für einen Prozess der Analyse der gegenwärtigen Situation mit dem Ziel Handlungsalternativen zu identifizieren und Gegenmaßnahmen zu beschließen. Es handelt sich dabei also in erster Linie um einen Prozess zur Entscheidungsfindung.[17]

Unabhängig davon wie gut oder schlecht es den Beteiligten gelingt einen Notfall zu managen, bedeutet das bloße Eintreten des Notfalls oft schon den Verlust oder die Verletzung von menschlichem Leben, finanziellen oder substantiellen Vermögenswerten, Reputation und Ansehen sowie eine erhebliche Störung des gewöhnlichen Arbeitsablaufes mit zunehmender Verschlimmerung im Zeitablauf. Das Risikomanagement hat die Aufgabe „Risiken, die die Vermögens-, Finanz- oder Ertragslage eines Unternehmens (...) gefährden könnten" zu identifizieren, zu quantifizieren und wirtschaftlich sinnvoll abzusichern.[18] Auf diese Weise sollen Notfälle gar nicht erst entstehen und das Notfall- und Krisenmanagement muss nicht zum Einsatz kommen.

---

[14] „Risiko" wird im Rahmen dieser Arbeit, mit Ausnahme des Kapitels 5.2, immer als Risiko im engeren Sinne, also als rein negative Abweichung vom Erwartungswert, verstanden.

[15] Vgl. Universität Mainz (2006), Nr.15.9.1, Brauner, C. (2001), S. 13

[16] Vgl. Brauner, C. (2001), S. 13

[17] Vgl. Brauner, C. (2001), S. 13

[18] RiskNet (2006), Glossar

Da dies jedoch, wie bereits in der Einleitung gezeigt, nicht immer möglich bzw. aus wirtschaftlichen Gründen gewünscht ist, verbleiben dennoch Risiken, die, sofern sie schlagend werden, in einem ernsthaften Notfall resultieren. Das dann wieder notwendige Notfallmanagement kann jedoch im Vorfeld gestärkt und strategisch vorbereitet werden, indem das erwartete Szenario bereits am Reißbrett durchgespielt und Strategien sowie Gegenmaßnahmen detailliert ausgearbeitet und vorbereitet werden. Business Continuity Management schlägt somit die Brücke vom Risiko- zum Krisenmanagement und versucht nicht in erster Linie, Notfälle zu vermeiden, sondern das Unternehmen sicher durch den Notfall zu navigieren, ohne dass die Geschäftsprozesse durch diesen unterbrochen werden. Die Notwendigkeit der schnellen Entscheidungsfindung durch das Krisenmanagement wird durch die vorbereitete Verfügbarkeit von Sofortmaßnahmen zeitlich nach hinten verlagert.

Die Positionierung und die Hierarchie des BCM zum eventuell im Unternehmen bereits bestehenden und in seinen Aufgaben sehr ähnlichen Risikomanagement werden von den Vertretern der verschiedenen Disziplinen sehr kontrovers diskutiert. So wurde RM beispielsweise als reine Funktion zur Identifikation und Bewertung der Risiken innerhalb der Analyse des BCM bezeichnet.[19] Es ist jedoch der Trend zu beobachten, BCM als Teil des RM zu definieren. Bezeichnete das Business Continuity Institute BCM in seiner Version der „Good Practice Guidelines“ von 2002 aufgrund der vielfältigen Verflechtungen noch als „unifying process“, der auch das RM subsumiert, so fehlt diese Grafik in der Version von 2005.[20] Der Baseler Ausschuss für Bankenaufsicht hingegen fügte dem Consultative Paper der „High Level Principles for Business Continuity“ in der Endfassung von 2006 den Passus „a significant component of operational risk management“ hinzu.[21] Letzteres könnte aus der Beobachtung resultieren, dass sich zwar nahezu alle im Rahmen des BCM abgedeckten Risiken von der Definition des operationellen Risikos als „Gefahr von Verlusten, die in Folge der Unangemessenheit oder des Versagens von internen Verfahren, Menschen oder Systemen oder in Folge externer Ereignisse eintreten“, erfassen lassen, darüber hinaus jedoch noch eine große Anzahl solcher operationeller Risiken nicht vom

[19] Vgl. McCrackan, A. (2004)

[20] Vgl. BCI (2005) und BCI-GPG (2002), S. 3

[21] Vgl. Basel Committee on Banking Supervision (2005), S. 7 und Basel Committee on Banking Supervision (2006), S. 7

BCM behandelt werden.[22] Zur Klärung soll bereits an dieser Stelle die Terminologie von Haller eingeführt werden, welche den „Störprozess“ auf fünf Grundelemente reduziert. „Er enthält die Elemente der Störquelle, der Störungsart, des Störungsobjektes und der gestörten Vollzugsprozesse, die in ihrer Gesamtwirkung die Zielabweichungen bewirken.“[23]

Während das operationelle Risikomanagement auf die Störquellen fokussiert ist, versucht BCM eine Störung des Vollzugsprozesses zu vermeiden. Zwischen diesen beiden Punkten liegen mehrere Stufen mit je einer Kombination aus Störungsart und Störungsobjekt, die in Form von Folgeschäden verknüpft sind. Dieser grundlegende Unterschied im Ansatz bewirkt die teilweise Überschneidung der dabei abgedeckten Risiken bzw. Störquellen, da nicht jedes Risiko imstande ist, einen Vollzugsprozess zu stören bzw. zu unterbrechen.[24] Somit wäre es sogar möglich, dass RM und BCM aus zwei Richtungen denselben Schadenprozess zu reduzieren versuchen. Beispielsweise können die Verluste aus dem Risiko eines Hurricanes vom Risikomanagement durch Risikominderung und -transfer auf ein finanziell tragbares Nettorisiko reduziert werden. Da die Geschäftsprozesse durch die eingeschränkte Nutzbarkeit von Räumlichkeiten und öffentlichen Verkehrsmitteln dennoch unterbrochen wären, könnte dies im Rahmen des BCM Anlass zur Entwicklung entsprechender Maßnahmen und Notfallpläne geben. Zur nachhaltigen Sicherung eines Unternehmens sind ein abgestimmtes Zusammenspiel dieser sich gegenseitig ergänzenden Managementprozesse sowie eine exakte Schnittstellenplanung zur Vermeidung von Redundanzen erforderlich.

---

[22] Baseler Ausschuss für Bankenaufsicht (2004), S. 157, Bundesministerium der Finanzen (2006), S. 231, §269(1)

[23] Haller, M., Wehowsky, S. (2001), S. 4

[24] Siehe hierzu auch Abb.2: „Kausalbeziehungen innerhalb eines Störprozesses“ auf Seite 28.

Abbildung 1 verdeutlicht anhand eines Ablaufdiagramms eine mögliche Schnittstellenplanung zwischen RM und BCM.

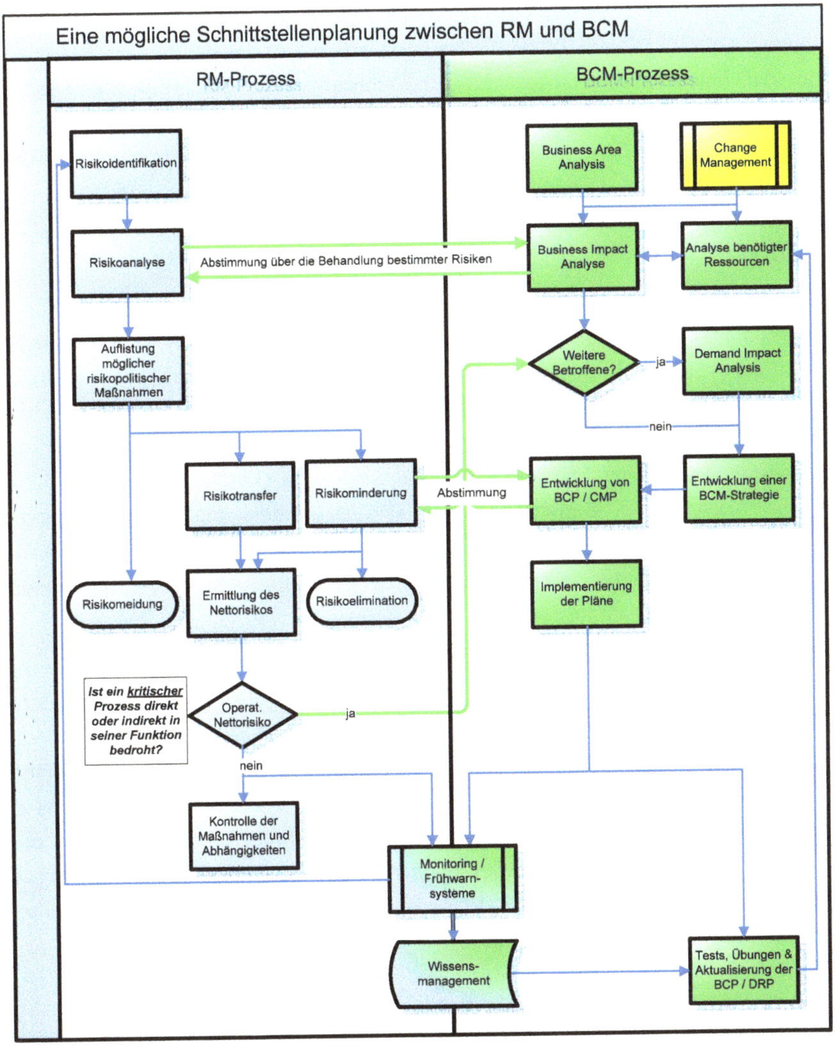

Abbildung 1: Eine mögliche Schnittstellenplanung zwischen RM und BCM.

Quelle: Eigene Darstellung

Die Vielfältigkeit der möglichen Szenarien erfordert bei der Entwicklung konkreter Maßnahmen neben Risiko-, Notfall- und Krisenmanagement, Schnittstellen mit diversen weiteren Managementprozessen. So wird bei der Planung von Sofortmaßnahmen für ein Schadenereignis das Facility Management oder das Umweltmanagement und zur Sicherung der Ressourcen das Supply Chain Management und das Personalwesen (HRM) in Verbindung mit dem Gesundheits- und Sicherheitsmanagement, sowie dem Arbeitsschutz in die Planung integriert.[25] Die Sicherung von bestehendem Wissen und Daten ist Aufgabe des Wissensmanagements sowie der Informationssicherheit (IT Security).

Die entwickelten Maßnahmen münden in einen Business Continuity Plan (BCP), der, auch bekannt als Business Recovery Plan, Desaster Recovery Plan, Business Contingency Plan, Business Process Contingency Plan, Business Resumption Plan oder Continuity of Operations Plan, die Ergebnisse der Planung strukturiert darstellt.[26] Dies erfordert im weiteren Verlauf eine Verknüpfung mit zusätzlichen Managementprozessen. So wird im Rahmen der Aktualisierung der Pläne beispielsweise eine Einbettung in das Änderungsmanagement (Change Management) wichtig. Die Rolle der Unternehmenskommunikation wird spätestens bei Eintritt eines Notfalls deutlich und muss gleichermaßen Berücksichtigung finden.

In Literatur und Praxis stößt man darüber hinaus unweigerlich auf weitere Ansätze wie Business Continuity Planning, Business Contingency Planning, Incident Management oder Special Situation Management.[27] Diese Begriffe werden jedoch größtenteils synonym verwendet und dienen in erster Linie diversen kommerziellen Anbietern auf diesem Gebiet, um sich vom Wettbewerb abzuheben. Teilweise ebenfalls synonym, manchmal abgegrenzt als die technische Seite des BCM werden weiterhin die Begriffe Disaster Recovery Planning, Business Resumption Planning, Corporate Contingency Planning, Business Interruption Planning oder Disaster Preparedness angeführt.[28]

---

[25] Vgl. von Rössing (2005), S. 37

[26] Vgl. SearchSecurity (2006), DRJ/DRII (o.J.), BCI (2002), S. 231

[27] Vgl. Brauner, C. (2001), S. 7

[28] Vgl. BCI (2002), S. 233, DRJ/DRII (o.J)

2.3 Phasen eines idealtypischen BCM-Planungsprozesses

Wenngleich auch in Deutschland bislang kein allgemein gültiger Standard für Business Continuity Management erarbeitet wurde, bestehen doch weltweit diverse Überlegungen und Ansätze zu Aufbau und Ablauf desgleichen. Das vorliegende Kapitel fasst die Ansätze und Empfehlungen des Business Continuity Institute (England), des British Standard Institute (England), des Disaster Recovery Institute International (USA), der ASIS International (USA), der National Fire Protection Agency (USA), des Baseler Ausschusses für Bankenaufsicht (Schweiz), der Monetary Authority of Singapore, der Hong Kong Monetary Authority, der Bank of Japan sowie des U.S. Homeland Security Council des Weißen Hauses in ihren wesentlichen Punkten zusammen. Die Ergebnisse einzelner Unterpunkte werden zusätzlich durch die Ausführungen verschiedener Autoren validiert bzw. ergänzt.

2.3.1 Initiierungsphase

In welcher Form ein BCM-Prozess abläuft, hängt entscheidend davon ab, ob ein ähnlicher Bereich, wie z. B. das RM, bereits im Unternehmen existiert und ob das BCM selbst noch implementiert werden muss. Ist letzteres der Fall, sind Führungskräfte geneigt, BCM als Projekt aufzusetzen, um den Kosten- und Zeitrahmen überschaubar zu halten. Dies hat jedoch häufig zur Folge, dass das „Projekt" mit einem Notfallplan als beendet angesehen wird und dieser in der Folge zu einem unbrauchbaren Stück Papier veraltet, welches im Notfall wertlos sein wird.[29] Deshalb sollte ein als Projekt gestartetes BCM in ein Programm überführt werden, welches einen fortlaufenden Prozess garantiert. Die ersten Schritte sind jedoch stets identisch und sollen als zentrale Bestandteile jedes Projektmanagements hier nur kurz erwähnt werden. Es müssen Verantwortlichkeiten und Budgets sowie der Zeithorizont für wichtige Meilensteine festgelegt und schriftlich fixiert werden.[30] Von Beginn an sollte wenigstens ein Mitglied der Geschäftsleitung die Verantwortung für das BCM übernehmen, um sicherzustellen, dass Entscheidungen auf angemessenem Level getroffen werden können.[31] Inhalt und Umfang (Scope) sowie Zielerwartungen

---

[29] Vgl. Auf der Heide, E. (1989), S. 23-24

[30] Vgl. DRII (2004), Subject Area 1

[31] Vgl. Emergency Preparedness (2004), S. 82 Nr.6.49, Basel Committee on Banking Supervision (2005), S. 12, HKMA (2002), 2.1.1, MAS (2003), S. 6, IMF 2006, S. 14-15, ASIS (2005), S. 10

müssen definiert und je nach Größe und Komplexität des Unternehmens für das „Projekt" benötigte Ressourcen jeglicher Art ermittelt und beschafft werden. Um ein einwandfreies Reporting zu gewährleisten, müssen die Kommunikationswege und -inhalte festgelegt und die Ergebnisse in einem Projektplan dokumentiert werden.[32] Dem bloßen Projektansatz vorzuziehen wäre jedoch die organisatorische Berücksichtigung einer festen BC-Stelle im Unternehmen und ein Einbinden in die bestehenden Managementprozesse, da sich BCM nur als fest verankerter Bestandteil des täglichen Geschäfts in die Kultur einer Unternehmung integrieren und zu nachhaltigen Ergebnissen führen kann.[33]

2.3.2 Analysephase

Die Analysephase beschäftigt sich zunächst ausschließlich mit der Unternehmung an sich, „ohne Bezug zu einer Unterbrechungsursache"[34] herzustellen. In der Organisationsanalyse oder auch Business Area Analysis (BAA) werden die Ziele und Verpflichtungen der Unternehmung sowie die Ausrichtung der Geschäftspläne für die nächsten Jahre untersucht und im Anschluss Kernprodukte und Dienstleistungen benannt, mit denen diese Ziele erreicht werden sollen. Dabei ist zu beachten, dass Kunden möglicherweise neben der reinen Verfügbarkeit der Produkte weitere Leistungsanforderungen wie die Erreichbarkeit, Geschwindigkeit, Reputation und Qualität mit allen bekannten Ausprägungen wie Verlässlichkeit, Pünktlichkeit und Lieferservice an den Output des Unternehmens haben.

Eine detaillierte Prozessanalyse identifiziert alle Aktivitäten und unterstützenden Prozesse, die für eine Bereitstellung des Outputs notwendig sind.[35] Diese müssen in kritische und unkritische Prozesse unterteilt werden, wobei kritisch bedeutet, dass ein Ausfall dieses Prozesses verhältnismäßig schnell zu einem hohen Schaden führen würde.[36] Ein wichtiger Bestandteil ist dabei die Identifikation sämtlicher Ressourcen, die in Form von Personal, Gebäuden, speziellem Wissen, Informationen, Infrastrukturen, Geräten, Roh-, Hilfs- und Betriebsstoffen usw. benötigt werden, sowie Mengen und Zeitrahmen in denen sie verfügbar sein

[32] Vgl. Duncan, W. R. (1996), S.107-110, DRII (2003), step 6

[33] Vgl. MAS (2003), S. 7, BCI (2005), S. 5

[34] BCI (2005), S. 21

[35] Vgl. Emergency Preparedness (2004), 6.57, BSI (2006), S.18, 7.1.2, BCI (2005), S. 19

[36] Vgl. von Rössing, R. (2005), S. 74

müssen.[37] Diese Ressourcenliste muss sowohl für den Normalbetrieb als auch in Form einer absoluten Mindestmenge für einen zeitlich determinierten Notbetrieb erstellt werden, sofern dieser als ausreichend angesehen wird.

Die Folgeschädenanalyse oder Business Impact Analysis (BIA) untersucht mit Hilfe von Workshops, Fragebögen und Interviews die Auswirkungen des Ausfalls eines Prozesses auf nachgelagerte Prozesse.[38] So wird für jeden Prozess die maximal tolerierbare Ausfallzeit (MAO) und ein Mindestmaß an Leistung für einen Notbetrieb bestimmt. Da die MAO saisonale oder periodische Schwankungen aufweisen kann, ist stets das Worst Case-Szenario anzunehmen.[39] In Abstimmung mit der Geschäftsleitung (GL) wird festgelegt, zu welchem Zeitpunkt nach einem Ereignis (RPO) oder innerhalb welcher Zeitspanne (RTO)[40] ein Prozess wieder hergestellt sein muss. Aus der Zeit einer rein informationstechnischen Betrachtungsweise des BCM stammen noch häufig anzutreffende Differenzierungen, nach denen sich das RTO auf die Wiederherstellung eines Prozesses bzw. einer Infrastruktureinheit und das RPO auf den Zeitpunkt einer Wiederherstellung von Daten bezieht.

Gleichzeitig wird versucht, die Unterbrechungen der Prozesse monetär zu bewerten, wobei die Einführung von eigenen Maßzahlen hilfreich sein kann. Einige Unternehmen entwickelten hierzu beispielsweise spezielle Berechnungen eines Betriebsunterbrechungswertes (BIV) oder einer Betriebsunterbrechungszeit (BIT), die beide einen potentiellen Schaden in Dollar ausdrücken.[41]

Punktuelle Schwachstellen und „Flaschenhälse“, deren Ausfall einen oder mehrere Prozesse unterbrechen würde (Single points of failure) und Abhängigkeiten von externen Prozessen anderer Anbieter (Dienstleister, Outsourcer etc.) sind dabei für die weitere Planung besonders zu untersuchen.[42] Anhand ihrer RPOs und RTOs können die zuvor als kritisch eingestuften Prozesse nach ihrer Dringlichkeit in eine Reihenfolge gebracht werden, die im Notfall die Priorisierung zum Wiederanlauf bestimmt. Der Begriff Wiederanlauf (WDA) steht dabei für die Phase des Übergangs in den Notbetrieb und Wiederherstellung

---

[37] Vgl. NFPA (2004), 5.5.2 (1) und (2), BCI (2005), S. 26

[38] Vgl. ASIS (2005), S. 12, Ernst & Young (2006), S. 6

[39] Vgl. BCI (2005), S. 24

[40] Vgl. Bank of Japan (2003), S.9

[41] Vgl. Zsidisin, G. A./ Ragatz, G. L. (2003), S. 14

[42] Vgl. MAS (2003), 2.5.2

(WDH) bezeichnet die Phase der vollständigen Rückkehr zum ursprünglichen Normalbetrieb.

Risikoidentifikation und Risikobewertung stellen in den meisten Ansätzen den letzten Punkt der Analyse dar.[43] Sofern bereits ein RM vorhanden ist, muss an dieser Stelle in besonderem Maße auf die Schnittstellenplanung geachtet werden, um redundante Arbeitsschritte zu vermeiden.[44] Auf Basis der in der BIA ermittelten kritischen Prozesse ist zu prüfen, welche Risiken in der Lage wären, diese zu unterbrechen. Der daraus resultierende Schaden kann als BIV oder BIT berechnet und bewertet werden. Die erwarteten Häufigkeiten sind für das BCM nur von Interesse, um die Maßnahmenplanung auf Basis eines Kosten/Nutzen-Prinzips gestalten zu können und dienen nicht wie im RM einer Vorselektion, ob ein Risiko besichert werden sollte oder nicht. Den Fokus bilden nach wie vor die gestörten Vollzugsprozesse und nicht die Störquellen. Die Risikoanalyse des BCM stellt somit einen sehr fokussierten Ausschnitt der im RM üblicherweise praktizierten Analysemethoden dar.

In Vorbereitung auf die Designphase ist abschließend zu prüfen, ob zum aktuellen Zeitpunkt für die kritischen Prozesse ein Notbetrieb erstellt werden könnte und ob die für den WDA festgelegte Zeit (RTO) dabei eingehalten werden würde. (Sofern ein Prozess vollständig weiterlaufen muss, gilt die WDH entsprechend.) Dies kann mit Hilfe einer GAP-Analyse geschehen, die den Handlungsbedarf als Differenz zwischen Soll- und Ist-Zustand misst.[45] Eine SWOT-Analyse kann die ermittelten Handlungsbedarfe im Anschluss als Stärken und Schwächen in eine strategischere Form überführen, wobei es der GL obliegt, aus den Ergebnissen vor dem Hintergrund von Märkten und weiteren Plänen die Chancen und Bedrohungen abzuleiten.[46] Einen weiteren Bestandteil der Analyse kann eine Untersuchung möglicher Nachfrageänderungen bilden, die jedoch in keinem der bestehenden Ansätze erscheint und deshalb erst im Kapitel 4.2.1.2 genauer ausgeführt wird.

---

[43] Vgl. BCI (2005), S. 28, BSI (2006), S. 20

[44] Vgl. Abb.1 auf Seite 18.

[45] Vgl. von Rössing, R. (2005), S. 134-136

[46] Vgl. von Rössing, R. (2005), S. 137-138

2.3.3 Designphase

Die Designphase dient der Entwicklung von Maßnahmen, die sowohl präventiv als auch nach dem Ereignis zum Tragen kommen sollen. Dabei würden die präventiven Maßnahmen zur Risikominderung, sofern vorhanden, in den klassischen Handlungsbereich des RM fallen und eine weitere Schnittstelle der beiden Managementdisziplinen erfordern.[47] Sofern punktuelle Schwachstellen identifiziert wurden, sind Maßnahmen zu deren Beseitigung unter den präventiven Maßnahmen zu subsumieren. Um die an der Entwicklung der operativen Maßnahmen beteiligten Kräfte bei ihrer Aufgabe einheitlich lenken zu können, ist es wichtig, auf GL-Ebene eine Strategie zu bestimmen, die eine einheitliche Führung im Sinne der Unternehmensziele gewährleistet.[48] Dabei soll die Strategie in erster Linie das Maß der Umsetzung der ermittelten Handlungsbedarfe oder die gewünschten Sicherheitsniveaus für unterschiedliche Bereiche festlegen. Es empfiehlt sich, die Prozesse hierzu anhand ihrer RTOs in Gruppen zusammenzufassen.[49] Auf Prozessebene kann das Maß der Absicherung oder der gewünschten Leistungsfähigkeit des Notbetriebes detaillierter beschrieben werden. Eine Strategie für die Ressourcenwiederherstellung leitet sich direkt aus den Ergebnissen der Ressourcenanalyse während der BIA sowie der Prozessebenenstrategie ab.

Konkretisiert werden die Strategien durch die Entwicklung individueller Maßnahmen, wie die einzelnen Prozesse innerhalb der RTOs wieder hergestellt bzw. das Mindestmaß an Leistung erbracht werden kann. Sie bilden den Kern der BC-Pläne und können dezentral in den einzelnen Abteilungen (Bottom-Up-Prinzip) erarbeitet werden, was die Möglichkeit unternehmensinterner „Best Practice" eröffnet.[50] Bei dieser progressiven Planungskoordination kann das in den Abteilungen vorhandene Detailwissen optimal genutzt werden und der Plan erreicht eine hohe Akzeptanz bei den später dafür zuständigen Mitarbeitern. Für eine zentrale Vorgabe und Überwachung der Planerstellung (Top-Down-Prinzip) wird andererseits angeführt, dass dieses Verfahren der Priorität des BCM mehr Nachdruck verleiht und gerade bei größeren Unternehmen wirtschaftlicher ist.[51] Um die Vorteile beider Planungsverfahren miteinander zu verbinden wäre auch eine Gegenstromplanung denkbar, bei der klar definierte Ziele und ein erster

---

47 Vgl. Abb.1 auf Seite 18.

48 Vgl. NFPA (2004) 5.7.2.1 and Annex A

49 Beispiel: Priorität 1 = RTO<8h, Priorität 2 = 9h–24h, Priorität 3 = 25h-48h usw.

50 Vgl. HKMA (2002), S. 7, von Rössing, R. (2005), S. 190

51 Vgl. ASIS (2005), S. 10, von Rössing, R. (2005), S. 188-189

Entwurf zentral vorgegeben und auf dem Weg zur kleinsten Abteilung immer weiter konkretisiert werden. Der so entstandene Detailplan läuft progressiv wieder zurück und wird mit den jeweils übergeordneten Abteilungen abgestimmt. Der finale Plan wird schließlich wieder Top-Down in die Abteilungen zurückgegeben. Nachteil dieser Variante ist jedoch der hohe Zeit- und Kostenaufwand, der die Attraktivität bei größeren Unternehmen reduzieren dürfte.

Die bestehenden Ansätze meiden es nahezu durchgehend, die Entwicklung der Maßnahmen und die Problemlösung innerhalb der BC-Pläne detaillierter zu beschreiben. Es lassen sich aber zwei unterschiedliche Strömungen in den Ansichten verschiedener Autoren erkennen.

Um einen systematischen Ansatz zum Schutz der identifizierten Prozesse und deren essentieller Ressourcen verfolgen zu können, konzentriert man sich im szenariobasierten Ansatz auf die in der Risikoanalyse identifizierten Störquellen wie „Feuer", „Hochwasser" oder „Bombenanschlag" und erstellt für jedes ermittelte Risiko einen BCP.[52] Die Entwicklung der Pläne orientiert sich folglich an einem Notfallszenario, welches den Vorteil hat, dass eine detaillierte Vorgehensweise vergleichbar mit einem Evakuierungsplan für ein brennendes Gebäude zur Verfügung steht.[53] Der genaue Ablauf kann geübt und Ernstfallsimulationen getestet werden. Nachteil eines szenariobasierten BCP ist jedoch, dass man für jedes Notfallszenario in Kombination mit wichtigen Umständen je einen BCP erstellen müsste. Allein der Unterschied, ob ein Brand sich tags oder nachts, an Wochenenden oder Werktagen usw. ereignet, müsste einen zusätzlichen BCP kreieren, um im Notfall einen genauen Ablaufplan zu haben. Dies wäre weder erschöpfend zu leisten noch betriebswirtschaftlich sinnvoll.[54] Zudem müsste im Ernstfall der passende BCP aus der Gesamtheit der Pläne ausfindig gemacht werden, was vermutlich zu enormen Verzögerungen bei der Einleitung von Sofortmaßnahmen führen würde.

Der modulare Ansatz konzentriert sich hingegen nicht mehr auf das Szenario sondern in erster Linie auf die Auswirkungen für das Unternehmen und versucht BC-Pläne für ermittelte Kombinationen aus Störungsart und -objekt zu erstellen. Solche Kombinationen werden im Rahmen dieses Buches als Module bezeichnet. So kann der „Ausfall einer Produktionsanlage" diverse Szenarien und Störquellen

[52] Vgl. Engel, H. (2005), S. 45, Bank of Japan (2003), S. 8

[53] Vgl. Wagschal, H./Huth, M. (2005), S. 64

[54] Vgl. HKMA (2002), S. 4

zum Ursprung haben; die reine Schadenbewältigung würde sich dennoch gleich gestalten.[55] Dieses Vorgehen ermöglicht zudem eine Anwendbarkeit der BC-Pläne über die ursprünglich betrachteten Störquellen hinaus, da beispielsweise das Modul „Ausfall einer Produktionsanlage“ neben Ursachen wie Brand, Erdbeben oder Unfall auch für unerwartete Szenarien wie „Mangel an der Produktionsanlage selbst“ Verwendung finden könnte.

Abbildung 2 verdeutlicht dies am Beispiel des operationellen Risikos „Untreue eines Mitarbeiters (Fraud)“. Der szenariobasierte Ansatz konzentriert sich auf die als ursächlich für einen möglichen „Verlust von (finanziellem) Vermögen oder Erträgen“ identifizierte Störquelle „Untreue eines Mitarbeiters“ und identifiziert potentielle, von ihr ausgehende, Störungsarten. In der Folge würde versucht werden diese durch entsprechende Maßnahmen, wie einem präventiven Entfernen von CD-Brennern aus den Firmencomputern gegen den „Diebstahl von Informationen“, vorzubeugen, um den Störprozess frühzeitig zu beenden.

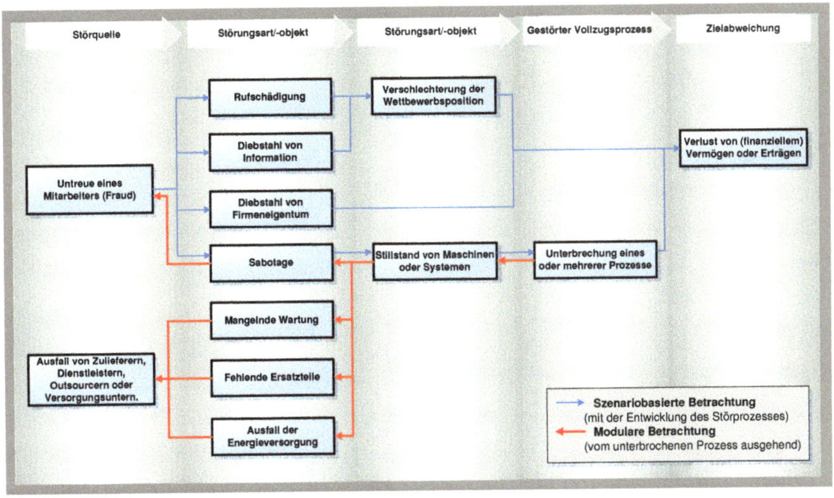

Abbildung 2: Kausalbeziehungen innerhalb eines Störprozesses

Quelle: Eigene Darstellung

[55] Vgl. Brauner, C. (2001), S. 8-9, von Rössing, R. (2005), S. 62

Der modulare Ansatz hingegen geht vom gestörten Vollzugsprozess aus und sucht nach Störungsarten und Störungsobjekten, wie dem „Stillstand von Maschinen oder Systemen“, die dies direkt bewirken können. Im Rahmen der weiteren Ursachenanalyse würde man so über die Störungsart „Sabotage“ ebenfalls das Risiko der Untreue in diesem speziellen Bereich sichern, gleichermaßen aber über die Störungsart „Fehlende Ersatzteile“ auch das Risiko eines „Ausfalls von Zulieferern usw.“ als potentiell ursächlich erkennen und absichern. Der modulare Ansatz ist also zur lückenlosen Sicherung wichtiger Vollzugsprozesse im Unternehmen wesentlich besser geeignet, da er von ihr ausgehende Störquellen unterschiedlichster Arten in Betracht zieht. Direkt am gestörten Vollzugsprozess ansetzende Maßnahmen, wie das Vorhalten redundanter Maschinen, wären also grundsätzlich in der Lage mehrere potentielle Störquellen gleichzeitig abzusichern.

Der größte Vorteil besteht jedoch darin, dass durch das Herunterbrechen einer Störquelle auf die direkten Auswirkungen auch für zuvor in ihrer Eintrittswahrscheinlichkeit unbeeinflussbare Bedingungsrisiken die Möglichkeit zurück gewonnen wird, durch präventive Maßnahmen unter Umständen Einfluss auf die Eintrittswahrscheinlichkeiten einzelner Module zu nehmen.

Die Grenzen des modularen Ansatzes liegen jedoch in der Schadensbegrenzung, für die eine Betrachtung der Schadensursache meistens notwendig ist. Spezielle Maßnahmen – im Rahmen dieses Buches als „Krisenbedingte Initiativen“ bezeichnet – sollen aufbauend auf dem modularen Ansatz die Vorteile beider Ansätze mit dem geringst möglichen Aufwand kombinieren.

„Man kann planen, was sein soll, aber nicht, was sein wird“[56]; daher ist die Stärkung des individuellen Umgangs mit Krisensituationen in Form eines leistungsfähigen Krisenmanagements integraler Bestandteil des BCM und muss wie jeder andere Prozess vorbereitet werden. Dies geschieht weniger in der Vorbereitung detaillierter Maßnahmen sondern in erster Linie organisatorisch. Ein Krisenmanagementplan (CMP) legt die Führung der Unternehmung im Krisenfall sowie interne Kommunikations- und Entscheidungsregeln fest. Die Mitglieder des Krisenstabs müssen ernannt und mit den nötigen Kompetenzen ausgestattet werden. Die Zusammensetzung kann durchaus nach der Art der eingetretenen Krise variieren. Dies können Vertreter des BCM sowie einzelner Unternehmensbereiche sein. Geschäftsleiter sollten nicht im Krisenstab vertreten sein, wenn ihre besonderen Fähigkeiten oder Erfahrungen dies nicht zwingend

[56] Brauner, C. (2001), S.32

erforderlich machen, da eine solche Mehrbelastung zu einer zusätzlichen Störung des Geschäftsbetriebs führen könnte. Es empfiehlt sich vielmehr dem Krisenstab für die Dauer einer Krisensituation die taktische Führung des Unternehmens und die Koordination der Notfallteams zu übertragen, damit die GL sich auf die strategische Führung konzentrieren kann.[57] Dies setzt natürlich eine genaue Definition des Auslösers und des Endes einer Krise voraus. Die Prioritäten der Schutzziele der Unternehmung müssen eindeutig festgelegt werden, um eine Entscheidung im Falle von Zielkonflikten zu beschleunigen. Solche Schutzziele können „Leben und Gesundheit von Menschen“, „natürliche Ressourcen“, „Reputation der Unternehmung“ usw. sein.[58] Für das aus GL und Krisenstab bestehende Krisenmanagementteam muss auf gleiche Weise analysiert werden, welche Ressourcen im Ernstfall benötigt werden. Ein Emergency Operations Center (EOC) an einem sicheren Ort muss als Krisenleitstand für die Arbeit des Krisenmanagementteams mit entsprechenden Kommunikationseinrichtungen und Infrastrukturen bestückt werden und ist in der Planung ebenfalls Bestandteil des CMP.[59]

Ein spezieller Kommunikationsplan legt Sprecher, Stellvertreter, wichtige Zielgruppen, bevorzugte Medien, Richtlinien und eventuell sogar vorbereitete Textpassagen (bspw. zum eigenen Notfallmanagement) fest.[60] Die interne und externe Kommunikation in einer Krise kann entscheidend für deren Verlauf sein, da ein Fehlen von Information Raum für Spekulationen schafft. Letztere können Stakeholder dazu bewegen, für das Unternehmen unvorteilhafte Entscheidungen zu treffen, welche die Situation zusätzlich verschärfen würden.

2.3.4 Implementierungsphase

Wenn BCPs und CMPs ausgearbeitet und die Antworten auf einen möglichen Notfall somit in der Theorie formuliert sind, müssen die Wege geebnet werden, damit die Pläne im Ernstfall auch praktisch anwendbar sind. Dies bedeutet, dass vereinbarte Anschaffungen, z. B. von Notstromaggregaten oder Medikamenten, getätigt und präventive Maßnahmen ergriffen werden. Handlungsvollmachten für den Notfall müssen schriftlich dokumentiert werden und Verträge sowie Service-Level-Agreements mit bestehenden Dienstleistern oder neu hinzugekommenen

[57] Vgl. Brauner, C. (2001), S.25-27

[58] Vgl. Brauner, C. (2001), S.20

[59] Vgl. BSI (2006), S.30, ASIS (2005), S.22

[60] Vgl. NFPA (2004), 5.14, ASIS (2005), S.21, BSI (2006), S.29-30

Dienstleistern, beispielsweise für spezielle BCM-Lösungen, ausgearbeitet werden. Das EOC muss nach den im CMP getroffenen Vorgaben eingerichtet und mit der geforderten Ausstattung versehen werden, damit dieses im Notfall umgehend vom Krisenmanagementteam bezogen werden kann. Darüber hinaus sollte nach der Verabschiedung der Pläne das weitere Vorgehen im Rahmen des laufenden Business Continuity Managements vor dem Notfall geplant, budgetiert und angestoßen werden. Die zu planenden Inhalte werden im folgenden Kapitel ausgeführt.

2.4 Laufendes BCM vor dem Notfall

Damit ein Unternehmen im entscheidenden Moment in der Lage ist, angemessen auf einen Notfall zu reagieren, bedarf es mehr als eines einmalig aufgesetzten, theoretischen Notfallplans. Dieser muss im Bedarfsfall nämlich von Mitarbeitern umgesetzt werden, die nun zwar Handlungsanweisungen aber in der Regel noch keinerlei Erfahrung mit Notfallsituationen besitzen. Da sie somit zum Flaschenhals eines BCP werden, muss zunächst das generelle Verhalten in bestimmten Krisensituationen erlernt werden. Spezielle Trainings für Mitarbeiter und Führungskräfte sollten hierzu in Zusammenarbeit mit der Personalentwicklung erarbeitet und regelmäßig durchgeführt werden. Gerade für die Mitglieder des Krisenstabs sind solche Trainings von besonderer Bedeutung, da für ihre Tätigkeit im Notfall kein detaillierter Plan bereit liegt. Die Fähigkeit, unter Druck Entscheidungen zu treffen, kann und muss trainiert werden.[61]

Spezielle Komponenten und Verantwortlichkeiten, die sich aus den BCP ergeben, müssen ebenfalls exerziert werden. Hierzu sollten Übungen geplant werden, die in Form von möglichst originalgetreuen Notfallszenarien oder Teilaspekten daraus Mitarbeiter, Führungskräfte und Mitglieder des Krisenstabs an den Umgang mit solchen Situationen gewöhnen.[62] Auch externe Dritte wie Zulieferer, Notfalldienste oder Behörden sollten in derartige Übungen integriert werden.[63] Dabei bedeutet „erfolgreich“ nicht zwingend „fehlerfrei“, da Übungen auch Verbesserungspotentiale identifizieren sollen.[64] Sie bilden so in Verbindung mit Walkthroughs und Desk Checks den Kern der Testphase eines BCP, da sie neben

---

[61] Vgl. Burtles, J. (2005), S. 2

[62] Vgl. von Rössing, R. (2005), S. 319

[63] Vgl. BCI (2005), S. 77, ASIS (2005), S. 27

[64] Vgl. Brauner, C. (2001), S. 37, BCI (2005), S. 78

Konsistenz und Funktionalität auch den schwer zu simulierenden Faktor Mensch mit einbeziehen.[65] Um gerade bei letztgenannten Verfahren die Objektivität zu erhöhen, sollten die interne Revision oder ein externer Wirtschaftsprüfer in der Testphase herangezogen werden.[66]

Die Ergebnisse und Erkenntnisse aus Tests und Übungen müssen umgehend in die bestehenden Pläne eingepflegt werden. Nur wenn Tests, Übungen und Pflege kontinuierlich (wenigstens jährlich) geschehen, kann davon ausgegangen werden, dass der BCP im Ernstfall auch anwendbar und wirksam ist.[67]

In einer sich schnell ändernden Geschäftswelt ist es für die Sicherung des jeweils aktuellen Status quo zudem notwendig, dass die Pläne sich simultan mit dem Geschäft ändern. Dazu muss der BCM-Prozess fest mit dem Änderungsmanagement-Prozess (Change Management) verknüpft sein.[68] Dieser wird als „Voraussetzung für die Pflege des BCM-Programms" gesehen und sollte, sofern er formal noch nicht im Unternehmen besteht, implementiert werden.[69] Bei jeder Änderung personeller, technologischer, aufbau- oder ablauforganisatorischer Art muss zumindest die mögliche Auswirkung auf das BCM überprüft werden.[70] Kleine Änderungen beispielsweise von Namen oder Zuständigkeiten sind umgehend in den Plänen zu korrigieren.[71] Bei umfassenderen Änderungen müssen auch die weiteren Auswirkungen auf andere Prozesse untersucht werden, indem eine zusätzliche BIA angestoßen wird.[72]

Ein konstantes Monitoring der Unternehmensumwelt kann als Frühwarnsystem für externe Änderungen fungieren, die auf diese Weise ebenfalls Eingang in den Analyseprozess finden. Da diese Variante in den untersuchten Ansätzen nicht beschrieben wurde, wird das externe Monitoring erst in Kapitel 4.2.3 weiter ausgeführt.

---

[65] Vgl. BSI (2006), S. 35, von Rössing, R. (2005), S. 319

[66] Für Aktiengesellschaften wird das BCM nach §317(4) HGB im Rahmen der Überprüfung des §91 Abs. 2 AktG ohnehin einen Bestandteil der Abschlussprüfung darstellen.

Vgl. auch Basel Committee on Banking Supervision (2005), S. 17

[67] Vgl. HKMA (2002), S. 16, MAS (2003), S. 8-9, Litman, T. (2006), S. 17, von Rössing, R. (2005), S. 313, Bank of Japan (2003), S. 4 und 12

[68] Vgl. BSI (2006), S. 16

[69] BCI (2005), S. 79, Vgl. auch HKMA (2002), S. 17

[70] Vgl. ASIS (2005), S. 32

[71] Vgl. HKMA (2002), S. 17

[72] Vgl. Adney, W. (o.J.), S. 18-19, BCI (2005), S. 28

Änderungsprozesse sowie fortlaufende Tests und Übungen müssen nach und nach in das tägliche Geschäft integriert werden, um eine kontinuierliche Pflege (Maintenance) des BCM und somit seinen neusten Stand zu garantieren.[73] Auch ohne massive Änderungen sollten die einzelnen Komponenten in festgelegten Abständen, spätestens jedoch einmal jährlich, auf Aktualität überprüft werden.[74] Diese Wartung und Pflegemaßnahmen sollen sich keineswegs auf die Änderung und Erweiterung der Maßnahmen beschränken, sondern gleichermaßen die aus der Analysephase stammenden Grundlagen mit einbeziehen.[75]

Angesichts des steigenden Kosten- und Zeitdrucks in allen Unternehmen wird dieser zusätzliche Aufwand nicht unbedingt in allen Bereichen auf Zustimmung stoßen. Zudem sieht sich der gesamte Ansatz mit den menschlichen Eigenschaften der Beteiligten konfrontiert, die gerade H.I.L.F.-Risiken lieber verdrängen und es vorziehen, ihren Fokus auf Fortschritt und Erfolg zu legen.[76] Dem kann nur durch den konsequenten Rückhalt in der GL und die gezielte Übertragung des BCM-Gedankens in die Kultur der Unternehmung adäquat begegnet werden. Ziel eines solchen Programms sollte die Schaffung von „Verständnis" und „Bewusstsein" darstellen, welche es fördern, dass die Auswirkungen auf die Kontinuität der Unternehmung in Entscheidungen auf allen Ebenen berücksichtigt werden. In der Folge erhöht sich die Effizienz des BCM und die Wahrscheinlichkeit für Unterbrechungen sinkt. Darüber hinaus erhöht sich das Vertrauen aller Stakeholder in die Fähigkeit des Unternehmens, größere Unterbrechungen bewältigen zu können.[77] Eine solche Kultur wächst bereits durch die ständige Integration in Tests, Übungen, Simulationen und Trainings. Gerade das Bewusstsein sollte indes zusätzlich durch eine konstante Informationslage auf angemessenem Niveau gefestigt werden. Dazu bieten sich die unternehmensinternen Medien wie Newsletter, Journale oder das Intranet an, in denen neben der reinen Information auch die nachhaltige Unterstützung der GL demonstriert werden muss.[78]

---

[73] Vgl. MAS (2003), 2.2.1, BSI (2006), S. 35-36

[74] Vgl. Adney, W. (o.J.), S. 18, BMI (2005), S.25, BCI (2005), S.28, BSI (2006), S.35 (10.5), HKMA (2002), S.17 (6.2.2), ASIS (2005), S.31

[75] Vgl. von Rössing, R. (2005), S. 340

[76] Vgl. von Rössing, R. (2005), S. 266-269

[77] Vgl. BSI (2006), S.37 (11.1)

[78] Vgl. BSI (2006), S.38 (11.3)

Abbildung 3 soll den Zyklus des laufenden BCM vor Eintritt eines Notfalls noch einmal veranschaulichen. Er sollte in einem Zeitraum von 12 Monaten oder weniger durchlaufen werden.

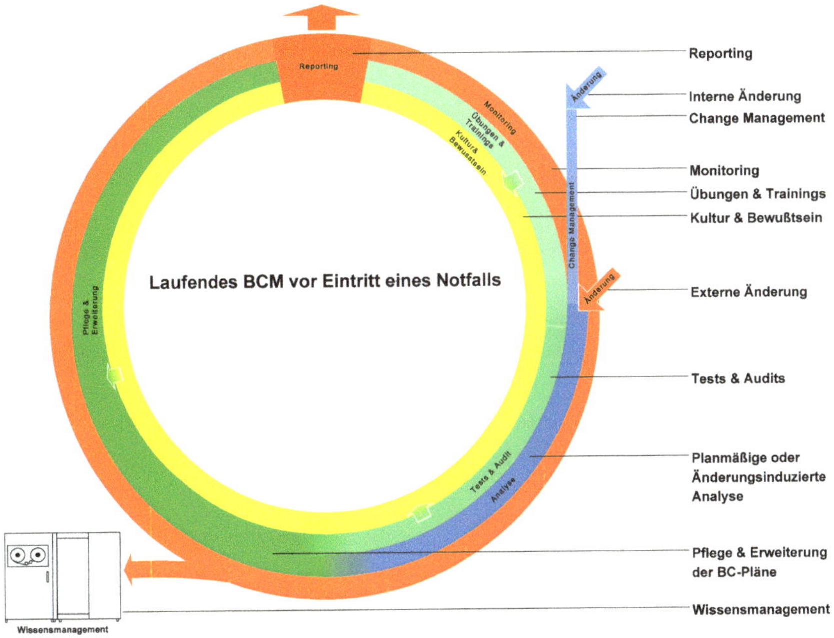

Abbildung 3: Laufendes BCM vor Eintritt eines Notfalls

Quelle: Eigene Darstellung

Der Aufbau eines zentralen Wissensmanagements findet in keinem der Ansätze einen Niederschlag und wird daher in Kapitel 4.2.3 detaillierter ausgeführt.

3 Pandemien

3.1 Zur Entstehung von Pandemien

Krankheiten und Virusinfektionen, die sich weitläufig ausbreiten, werden ganz allgemein als Seuchen oder Seuchenzug bezeichnet.[79] Die Medizin unterscheidet tierische Seuchen, die sie als Epizootie bezeichnet (z.B. Kaninchenpocken), und Seuchen, die von Mensch zu Mensch übertragen werden. Eine Infektionskrankheit, die von Mensch zu Mensch übertragen wird und im statistischen Mittel genau eine Folgeinfektion bewirkt, wird als Endemie bezeichnet. Dabei verbleibt die Krankheit in der Bevölkerung, breitet sich jedoch nicht weiter aus. Besitzt eine Krankheit indes eine höhere Basisreproduktionsrate als eins, bewirkt also mindestens zwei oder mehr Folgeinfektionen, bezeichnet man sie als Epidemie. Hierbei steigt die Anzahl der Neuinfektionen innerhalb einer Population zunächst stark an und sinkt später durch das Verhältnis infizierter oder bereits immuner Personen zur Anzahl gesunder Personen wieder ab, bis die Krankheit schließlich ausstirbt.[80] Bis zu einer vollständigen Beendigung kann es zu mehreren Infektionswellen kommen, die im Abstand von mehreren Wochen auftreten.[81]

Der Begriff Pandemie ist aus dem griechischen pan (= alles) und demos (= Volk) abgeleitet und bezeichnet den überregionalen oder sogar globalen Ausbruch einer Krankheit, die Menschen betrifft.[82] Eine solche Krankheit kann sich auch durch Mutation eines tierischen Virus entwickeln, wie es international beispielsweise beim H5N1-Virus befürchtet wird. Die Weltgesundheitsorganisation (WHO) unterteilt die Entstehung einer Pandemie deswegen in sechs Phasen: von der Entdeckung eines Virus-Subtyps bei Tieren (Phase 1), der als gefährlich für den Menschen eingeschätzt wird (Phase 2), über die erste Infektion eines Menschen (Phase 3) und die Übertragung von Mensch zu Mensch (Phase 4) bis zur wachsenden Übertragung des Virus von Mensch zu Mensch (Phase 5) und seiner Ausbreitung in der gesamten Bevölkerung (Phase 6).[83]

Pandemien sind keine Phantomrisiken, sondern bereits seit der Antoninischen Pest (165/167 n. Chr.) tatsächlich belegt.[84] Auch gegenwärtig besteht mit den 38,6

---

[79] Vgl. Wikipedia – Seuchenzug

[80] Vgl. Wikipedia – Epidemie

[81] Vgl. Cabinet Office (2006), S. 7

[82] Vgl. BMI (2005), S. 11, Wikipedia – Pandemie

[83] Vgl. WHO Phaseneinteilung

[84] Vgl. Popp, W. (2006), S. 1

Millionen Menschen, die weltweit mit dem HI-Virus infiziert sind, eine akute Pandemie, deren Verbreitungsgeschwindigkeit jedoch aufgrund des Übertragungsweges verhältnismäßig langsam ist.[85] Bekannte Pandemien der letzten hundert Jahre waren beispielsweise die Spanische Grippe (20-50 Millionen Tote von 1918-1919), die asiatische Grippe (1 Million Tote 1957), die Hong Kong-Grippe (700.000 Tote 1968) und die vielfältigen Formen der Pest mit insgesamt 40 Millionen geschätzten Todesfällen (541, 1347-1352, 1896-1945, 2006), deren Erreger ebenfalls heute noch aktiv sind.[86] Damit forderte allein die Spanische Grippe innerhalb eines Jahres mehr Todesopfer als der erste Weltkrieg in den knapp 5 Jahren zuvor.[87]

Auslöser für derartige Infektionskrankheiten können Bakterien, Viren, Pilze, Parasiten oder Prionen[88] sein, die den Organismus durch den Austausch von Körperflüssigkeiten, über die Atemluft (Tröpfcheninfektion), durch Nahrungsaufnahme, oder den Kontakt zu Tieren und Insekten erreichen und infizieren. Zu diesen Infektionskrankheiten zählen unter anderem Borreliose, Cholera, Milzbrand (Anthrax), Tuberkulose und Typhus, welche über Bakterien übertragen werden, sowie AIDS, Grippe, Pocken und SARS, die durch Viren übertragen werden. Je nach Art der Infektion ist mit einer Inkubationszeit von einem Tag bis zu mehreren Jahren zu rechnen, bis die ersten Symptome erkennbar werden. Der Erreger kann in dieser Zeit durchaus auf andere Personen übertragen werden. Bei vielen Virustypen wird der Patient, sofern er den Verlauf der Krankheit überlebt, immun gegen eine erneute Infektion des gleichen Typs, was jedoch für jede neue Form eines Erregers erneut zu verifizieren ist.

Infektionskrankheiten stellen weltweit die häufigste Todesursache dar.[89] Aktuell hat die WHO aufgrund des inzwischen in 37 Ländern aufgetretenen Grippeerregers H5N1 die Pandemiephase 3 ausgerufen.[90] Da zufällige Mutationen jedoch ebenso schnell auftreten können wie kriminell motivierte Verbreitungen („Bio-Terrorismus"), lässt sich über Wahrscheinlichkeit und Form einer potentiellen nächsten Pandemie keine verbindliche Aussage treffen.

---

[85] Vgl. UNAIDS (2006), S. 6

[86] Vgl. reuters (2006)

[87] Vgl. House of Lords (2005), S. 11

[88] Prionen sind Proteine, die bspw. die Creutzfeld-Jakob-Krankheit auslösen.

[89] Vgl. Bundesministerium für Bildung und Forschung (2006)

[90] Vgl. WHO Phaseneinteilung (2005)

3.2 Annahmen eines möglichen Pandemieszenarios

Das Ausmaß einer Pandemie lässt sich grundsätzlich anhand von wenigen Vektoren skizzieren. Die Ansteckungsgefahr und damit verbunden die Geschwindigkeit der Verbreitung, die räumliche Ausbreitung, die Mortalität und die Möglichkeit einer Einflussnahme in Form von Impfungen oder Behandlungen mit antiviralen bzw. antibakteriellen Medikamenten sind entscheidende Größen, die sich gleichwohl nach Art des Erregers grundlegend unterscheiden können.

Höchste Ansteckungsgefahr und Verbreitungsgeschwindigkeit bestehen bei der Übertragungsform der Tröpfcheninfektion, die als Worst Case die Grundlage für das Szenario darstellen soll. Für einen vollständig übertragbaren Erreger dieser Art rechnet die WHO am Beispiel von Influenza mit einer räumlichen Ausbreitung auf alle Kontinente innerhalb von drei Monaten.[91]

Das Robert-Koch-Institut (RKI) geht in Anlehnung an die beiden gemäßigten Grippe-Pandemien von 1957 und 1968 in seinen Hochrechnungen für eine neue Pandemie von einer Erkrankungsrate von 30 % der Bevölkerung aus.[92] Aus unternehmerischer Sicht müssen zusätzlich zu den tatsächlich erkrankten Mitarbeitern diejenigen gezählt werden, die aufgrund ähnlicher Symptome eine Infizierung vermuten, aus Angst vor einer Ansteckung am Arbeitsplatz oder auf dem Weg dorthin zuhause bleiben, wegen ausgefallener Verkehrsmittel den Arbeitsplatz nicht erreichen können, kranke Angehörige oder auch Minderjährige, die wegen Kindergarten- und Schulschließung nicht betreut sind, versorgen oder wegen indirekter Folgen der Pandemie andere Aufgaben wahrnehmen müssen.[93] Zu letzteren zählen Mitgliedschaften bei THW und freiwilligen Feuerwehren genauso wie beispielsweise der Versuch, eine ausgefallene Heizung selbstständig zu reparieren, weil keine Notdienste verfügbar sind. Insgesamt kalkulieren Unternehmen deshalb im Worst Case-Szenario mit einer kumulierten Abwesenheit von bis zu 50 % der Belegschaft.[94] In der Regel kann für die meisten Infektionskrankheiten mit Ausnahme von AIDS und Tuberkulose von einer Inkubationszeit von wenigen Tagen ausgegangen werden, der ein Krankheitsverlauf von mehreren Tagen bis Wochen folgt.

Die Mortalität einer Pandemie hängt entscheidend vom Virustyp und der Möglichkeit einer medikamentösen Einflussnahme ab. Von den seit 2003 am

---

[91] Vgl. WHO Influenza (2005) Nr.4

[92] Vgl. RKI (2006)

[93] Vgl. afp (2006), Cabinet Office (2006), S. 2 und 8

[94] Vgl. atradius (2006)

H5N1-Virus erkrankten Patienten starben mehr als 50 %, was jedoch im Falle einer Verfügbarkeit von Medikamenten entscheidend verringert werden könnte.[95] Medikamente, die den Krankheitsverlauf positiv beeinflussen können, gibt es beispielsweise gegen bekannte Grippeviren oder Pesterreger, jedoch keineswegs in ausreichend produzierter Anzahl für die Größenordnung einer Pandemie. Impfstoffe, die einer Infektion vorbeugen können, müssen für nahezu jeden Virustyp individuell entwickelt werden (genetischer „shift") und würden somit frühestens nach 2,5 bis 5,5 Monaten verfügbar sein.[96] Nach dem nationalen Pandemieplan würden in Deutschland allerdings etwa 7 Mio. Menschen zur Aufrechterhaltung der medizinischen Versorgung sowie der öffentlichen Infrastruktur und Sicherheit vorrangig mit Impfstoffen versorgt werden, was die Verfügbarkeit für private Haushalte und Unternehmen weiter verzögert.[97] Aktuell empfohlene Grippeimpfungen zur Vorbeugung einer durch H5N1-Erreger ausgelösten Pandemie beispielsweise schützen nachweislich nicht gegen H5N1, sondern sollen nur „Kapazitätserhöhungen bei den Impfstoff produzierenden Unternehmen (...) erreichen."[98]

Die hohen Krankheitsraten würden global erhebliche Auswirkungen auf die Wirtschaft und das öffentliche Leben haben. Rettungsdienste und medizinische Einrichtungen wären durch die eigenen Personalengpässe und die große Anzahl von Erkrankten überlastet; und auch die Behörden könnten zeitweise Probleme haben, die öffentliche Sicherheit zu gewährleisten.[99] Eine Versorgung der Bevölkerung mit Lebensmitteln, Trinkwasser und anderen essentiell notwendigen Gütern und Dienstleistungen wäre erschwert.[100] Panik, Plünderungen und weiteres kriminelles Verhalten wären eine denkbare Folge.[101] Unternehmen müssten ebenfalls mit dem Ausfall von Zulieferern, Outsourcern, Dienstleistern und Kunden rechnen, wobei gerade die Nachfrage je nach Branche unterschiedlichste Entwicklungen nehmen kann, wie im Rahmen von Kapitel 4.2.1.2 aufgezeigt werden wird. Der gesamte Güter- und Warenverkehr wäre durch Kontrollen und Mobilitätseinschränkungen gestört, wenngleich Logistikunternehmen wie UPS und Fed Ex angeben, für dieses Szenario detaillierte BCP implementiert zu

[95] Vgl. WHO (2006), S. 1

[96] Vgl. RKI (2006)

[97] Vgl. RKI (2005), S. 35-38

[98] Steinhoff, C. (2005), S. 150

[99] Vgl. Albrod, M. (2005), S. 131

[100] Vgl. Albrod, M. (2005), S. 131, Cooper, S. (2006), S. 14, Dorman, D. (2006)

[101] Vgl. Cooper, S. (2006), S. 14

haben.[102] Längere Stromausfälle wären wahrscheinlich und in Verbindung mit dem zusätzlich erhöhten Telekommunikationsbedarf als Ersatz für die eingeschränkte direkte Kommunikation gleichermaßen ein Zusammenbruch von Mobil-, Festnetz- und Internetverbindungen.[103]

Staatliche Interventionen zur Einschränkung der Infektionsausbreitung können die Situation für Unternehmen dabei zusätzlich verschärfen. So erwägen einige Staaten die temporäre Schließung ihrer Grenzen für den Waren- und Personenverkehr, was globale Lieferketten unterbrechen könnte.[104]

Gleiches ist vielerorts für Kindergärten und Schulen vorgesehen.[105] In Deutschland sieht das Gesetz zur Verhütung und Bekämpfung von Infektionskrankheiten beim Menschen, neben Einschränkungen der Versammlungsfreiheit (Art. 8 GG), der Freiheit der Person (Art. 2 GG) und der Unverletzlichkeit der Wohnung (Art. 13 GG) auch die Schließung von Räumlichkeiten, die Anordnung von Quarantäne und ein berufliches Tätigkeitsverbot vor.[106] Ferner wäre mit erheblichen Auswirkungen auf internationale Kapital- und Devisenmärkte zu rechnen, die wiederum Einfluss auf globalisierte Lieferketten und Absatzmärkte hätten.

[102] Vgl. Cooper, S. (2006), S. 15

[103] Vgl. Cooper, S. (2006), S. 3

[104] Vgl. Ministry of economic development New Zealand (2006)

[105] Vgl. The White House (2006), S. 194, Cabinet Office (2006), S. 2

[106] Das Gesetz zur Verhütung und Bekämpfung von Infektionskrankheiten beim Menschen (IfSG) löste im Juli 2000 das Bundesseuchengesetz (BseuchG) ab. Die genannten Maßnahmen ergeben sich insbesondere aus den §§16, 17, 28, 30, 31 und 42 IfSG.

4 BCM in den verschiedenen Stadien einer Pandemie

4.1 Temporale Betrachtung

Entscheidend für die Bewältigung der Auswirkungen einer Pandemie ist die Berücksichtigung ihrer temporalen Besonderheiten. Katastrophen, die aus Attentaten, Unfällen oder ähnlichen Notfällen resultieren, können meist nur in eine Zeit vor dem „Tag X“ und eine Zeit nach selbigem unterteilt werden. Eine Pandemie zeichnet sich jedoch durch eine Phase der Ankündigung in Form schwacher Signale und einen prolongierten Notfallzeitraum aus.[107] Durch die weltweiten Bemühungen der WHO und den Gesetzen zur Meldepflicht beim Auftreten bestimmter Krankheiten ist es sogar möglich, den Fortschritt der Pandemie sehr genau zu beobachten und in die bereits erwähnten Phasen der WHO einzuteilen.[108] Die „Zeit vor dem Notfall“ kann in Anlehnung an die Einteilung der WHO in vier voneinander abgegrenzte Phasen unterteilt werden, die in diesem Buch zusammengenommen als Präpandemische Phase bezeichnet werden. Diese beinhaltet sowohl den BCM-Planungsprozess als auch das laufende BCM vor Eintritt einer Pandemie. Die 5. Phase kennzeichnet die Infektion ganzer Cluster, wobei „die Ausbreitung von Mensch zu Mensch (...) jedoch weiter lokalisiert“ ist.[109] In der Folge wird sie von der WHO zur „Pandemischen Warnperiode“ gezählt, da zwar ganze Regionen schon infiziert sind, eine Pandemie jedoch per Definition erst bei einer überregionalen Infektion gegeben ist.[110] Für die Betrachtung einer Unternehmung ist diese Einteilung nur dann zu vertreten, wenn nach eingehender Untersuchung sämtlicher Lieferketten und Stakeholder internationale Verflechtungen vollkommen ausgeschlossen werden können. Ist beispielsweise ein bedeutender Absatzmarkt oder eine Schlüsselregion zur Rohstoffbeschaffung betroffen, kann dies Kernprozesse empfindlich stören, ohne dass in der lokalen Umgebung der Unternehmung Infektionen verzeichnet werden. Für die Mehrheit muss diese Phase folglich aufgrund ihrer direkten Auswirkungen auf die Geschäftsprozesse schon zur akuten Pandemiephase gerechnet werden, die in der Folge die WHO-Phasen 5 und 6 umfasst. Der erwartete wellenförmige Verlauf einer Pandemie und die daraus resultierenden notwendigen Reaktionen erfordern an dieser Stelle eine

---

[107] Vgl. Treanor, J. (2006), S. 1

[108] Vgl. IfSG §§ 4-15

[109] Auswärtiges Amt (2005), S. 9

[110] Die WHO fasst die Phasen 1 und 2 zur „Interpandemischen Periode“ und die Phasen 3-5 zur „Pandemischen Warnperiode“ zusammen. Vgl. hierzu WHO Phaseneinteilung (2005)

weitere Unterteilung dieser 6. Phase in akute Infektionswellen und die dazwischen liegenden Ruhephasen.

Nach einer offiziellen Entwarnung beginnt die Postpandemische Phase. Diese wird in den Einteilungen der WHO, des RKI und des Auswärtigen Amts wieder mit den WHO-Phasen 1 und 2 gleichgesetzt, welche die WHO als Interpandemische Periode bezeichnet.[111] Für eine betriebliche Sicht und die zeitliche Planung erst nach der Pandemie möglicher Maßnahmen wie der Wiederherstellung des Normalbetriebs ist die Erweiterung der Phaseneinteilung der WHO um eine explizite Postpandemische Phase, die sich klar von den ersten beiden Phasen unterscheidet, jedoch absolut notwendig.

Abbildung 4 zeigt noch einmal grafisch die auf den WHO-Phasen aufbauende Einteilung in Präpandemische Phase, Pandemiephase und Postpandemische Phase und gibt bereits einen Überblick über die Zuordnung des gesamten BCM-Prozesses zu den verschiedenen Abschnitten.

---

[111] Vgl. RKI (2005), S. 15, Auswärtiges Amt (2005), S. 10

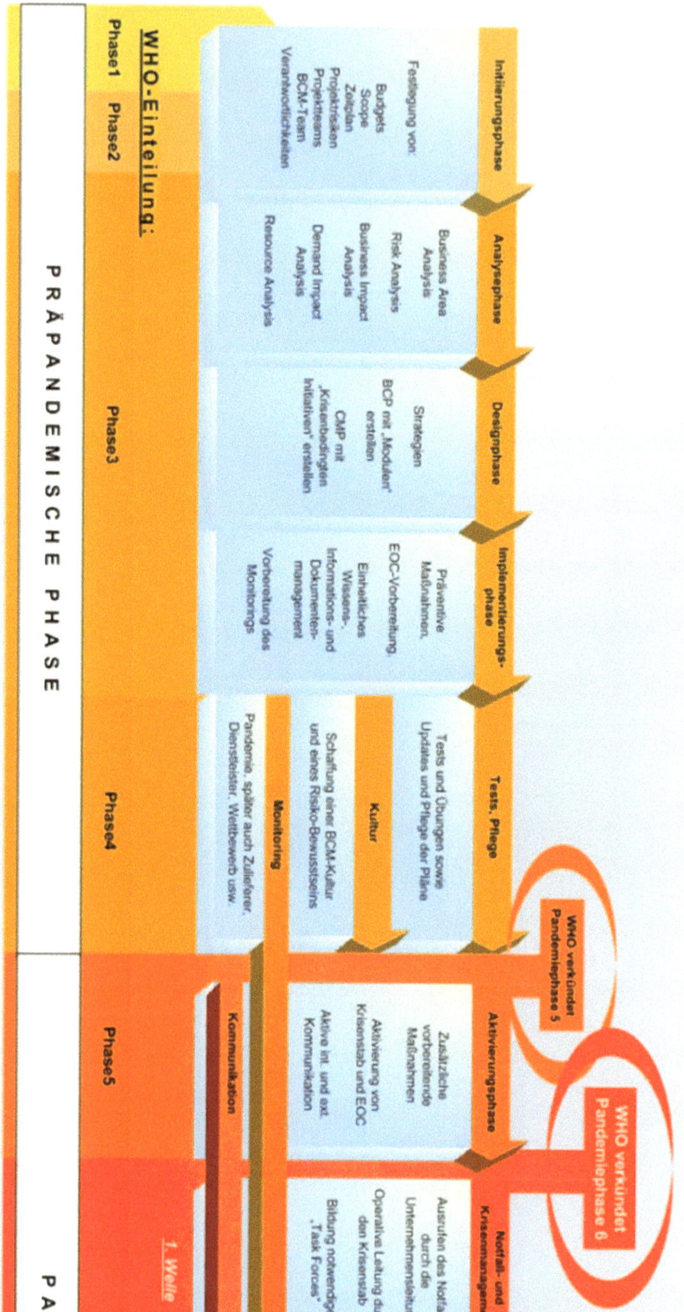
Initiierungsphase
Festlegung von:
Budgets
Scope
Zeitplan
Projektrisiken
Projektteams
BCM-Team
Verantwortlichkeiten
Analysephase
Business Area Analysis
Risk Analysis
Business Impact Analysis
Demand Impact Analysis
Resource Analysis
Designphase
Strategien
BCP mit „Modulen" erstellen
CMP mit „Krisenbedingten Initiativen" erstellen
Implementierungs-phase
Präventive Maßnahmen,
EOC-Vorbereitung,
Einheitliches Wissens-, Informations- und Dokumenten-management
Vorbereitung des Monitorings
Tests, Pflege
Tests und Übungen sowie Updates und Pflege der Pläne
Kultur
Schaffung einer BCM-Kultur und eines Risiko-Bewusstseins
Monitoring
Pandemie, später auch Zulieferer, Dienstleister, Wettbewerb usw.
WHO verkündet Pandemiephase 5
Aktivierungsphase
Zusätzliche vorbereitende Maßnahmen
Aktivierung von Krisenstab und EOC
Aktive int. und ext. Kommunikation
Kommunikation
WHO verkündet Pandemiephase 6
Notfall- und Krisenmanagement
Ausrufen des Notfalls durch die Unternehmensleitung
Operative Leitung durch den Krisenstab
Bildung notwendiger „Task Forces"
1. Welle
WHO-Einteilung:
Phase1
Phase2
Phase3
Phase4
Phase5
PRÄPANDEMISCHE PHASE
PAN

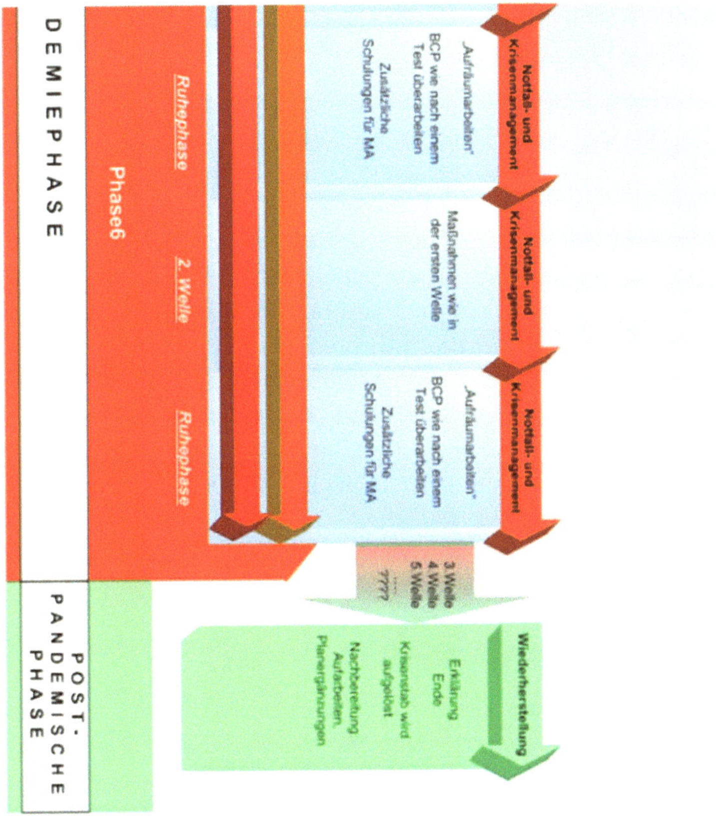

Abbildung 4: Der gesamte BCM-Prozess in den verschiedenen Stadien einer Pandemie

Quelle: Eigene Darstellung [WHO-Einteilung in Anlehnung an WHO Phaseneinteilung (2005)]

4.2 Präpandemische Phase

Die Phasen 1 und 2 der WHO beschreiben eine reine Infektion von Tieren mit einem Virustypen, der eventuell einmal für einen Menschen gefährlich werden könnte. Da dies für Unternehmen, deren Wertschöpfung nicht direkt mit der betroffenen Tierart verbunden ist, keine Gefahr darstellt, besteht auch kein Handlungsbedarf. Erst die Mutation eines solchen Erregers zu einem Virus, das sich auf Menschen übertragen lässt, muss als Bedrohung wahrgenommen werden und als Änderung der Unternehmensumwelt Einzug in den BCM-Prozess finden. Mit dem Erreichen dieser 3. Phase muss also eine neue Analyse angestoßen oder, sofern kein entsprechender Ansatz im Unternehmen besteht, mit der Initiierung eines solchen begonnen werden. Der nachfolgend beschriebene, aus Analyse, Design, sowie Implementierung bestehende, BCM-Planungsprozess sollte bis zum Erreichen der 4. Phase abgeschlossen sein, damit noch ausreichend Zeit besteht, um die Pläne und Maßnahmen noch ohne Komplikationen in der Praxis testen und üben zu können.

4.2.1 Analyse

Identifikation von kritischen Prozessen, Modulen und Bedrohungen

Unternehmen unterscheiden sich je nach Branche und Art der angebotenen Produkte und Dienstleistungen meist grundlegend. Selbst konkurrierende Unternehmen, die eine nahezu identische Produktpalette anbieten, sind nicht in gleicher Form aufgebaut und weisen in der Folge unterschiedliche Prozesse und Wertschöpfungsketten auf.[112] Eine uniforme Darstellung der Organisations- und Prozessanalyse ist also prinzipiell nicht realisierbar. Michael Porter geht jedoch in seinem Modell zur „Value chain“ davon aus, dass es in jeder Branche fünf Kategorien primärer Aktivitäten und vier Kategorien sekundärer, unterstützender Aktivitäten gibt, die sich in Abhängigkeit von ihrer Branche und Unternehmensstrategie jeweils noch weiter unterteilen lassen.[113]

[112] Vgl. Porter, M.E. (1999) S. 67-68, Monahan, S., Laudicina, P., Attis, D. (2003), S. 13
[113] Vgl. Porter, M.E. (1999), S. 70

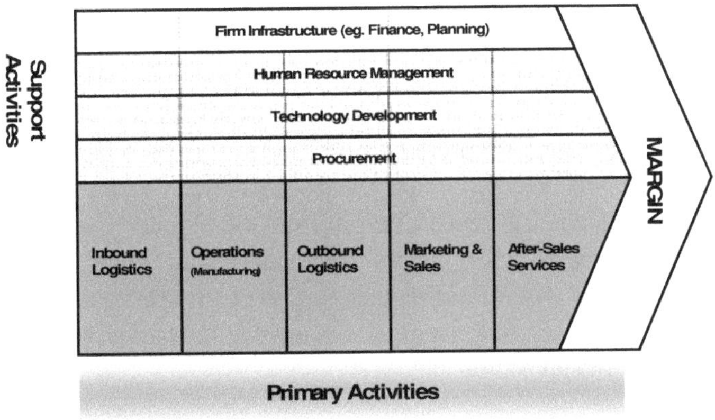

Abbildung 5: Das Model einer Wertkette

Quelle: Porter, M. E. (1999), S.66

Die primären Aktivitäten sind die direkt auf den Kunden ausgerichteten Prozesse der Wertkette. Der Ausfall eines Teils des Produktionsprozesses, welcher bei Porter mit den Kategorien „Inbound Logistics", „Operations" und „Outbound Logistics" bezeichnet wird, führt in jedem Unternehmen unweigerlich rasch zu hohem Schaden, weshalb diese Prozesse als „kritisch" einzuordnen sind.

In der Kategorie „Marketing and Sales" müssen die Prozesse differenziert werden in solche, die direkt am Absatz beteiligt sind, wie Verkaufsförderung und Außendienst, und solche, die aufgrund ihrer strategischen Ausrichtung über einen längeren Zeitraum zur Wertschöpfung beitragen, wie beispielsweise die Marktforschung. Während der Absatz als betriebswirtschaftliche Kernfunktion zwingend als kritisch anzusehen ist, können andere Marketingprozesse aufgrund ihrer strategischen Ausrichtung für gewisse Zeiträume ausgesetzt werden.

Kundendienst und weitere Serviceleistungen tragen meist nicht direkt zum Umsatz bei. In Abhängigkeit von den Produkten und Dienstleistungen kann jedoch auch der Kundendienst als „kritisch" eingestuft werden, wenn bei Unterbrechung rasch mit hohen Schäden zu rechnen wäre. Dies wäre denkbar, wenn die Störung einer konstant durch das Unternehmen zu erbringenden Leistung „innerhalb einer angemessenen Frist" zu einem außerordentlichen

Kündigungsrecht bzw. dem Zurücktreten von einem bestehenden Vertrag führt wie beispielsweise bei Anbietern von Internetdiensten oder IT-Dienstleistern.[114] Auch auf kostenpflichtigen Kundendienst ausgelegte Wertschöpfungsketten oder stark vom Kundendienst abhängige Markenwerte können zu einer Einstufung als kritischer Prozess führen.

In der Praxis müssten die verschiedenen Abteilungen und Prozesse jeder Kategorie mit Hilfe von Workshops oder Prozesslandkarten identifiziert und ihre Kritikalität[115] für die Wertschöpfung einzeln bewertet werden. Die weiteren Auswirkungen der unterstützenden Prozesse auf die Primärprozesse sowie die gegenseitigen Abhängigkeiten lassen sich mit Hilfe einer vereinfachten Folgeschädenanalyse (BIA) identifizieren, die in der Praxis neben qualitativen Einschätzungen der Kritikalität auch eine quantitative Aussage zu MAO und RTO treffen müsste. Während in der Kette der primären, auf den Kunden ausgerichteten Kategorien jede Aktivität von der Erfüllung der vorangehenden abhängt, ist bei den unterstützenden Aktivitäten eine weit größere Verflechtung erkennbar. Ihre Aufgabe ist die Versorgung aller Prozesse mit speziellen, zu deren Ausführung notwendigen Ressourcen.

Die Beschaffung (Procurement) ist für den Einkauf sämtlicher im Produktionsprozess benötigter Inputs verantwortlich. Eine Unterbrechung dieses Supportprozesses, der als dritte betriebswirtschaftliche Kernfunktion gesehen wird, hätte direkte Auswirkungen auf die Wertschöpfungskette und muss gleichermaßen als kritisch eingestuft werden. Eine Verlängerung der Wiederherstellungszeit durch erhöhte Lagerbestände kann in Anbetracht des erwartungsgemäß langen Krisenzeitraums einer Pandemie vernachlässigt werden.

Die Technologieentwicklung (Technology Development) verbessert Produkte und die Verfahren zu deren Herstellung, indem sie Know-how, verbesserte Arbeitsabläufe und verfahrenstechnische Ausstattung in die Prozesse einbringt und weiterentwickelt.[116] Eine Unterbrechung der Forschungstätigkeiten würde vermutlich erst mit einiger Verzögerung zu finanziellem Schaden führen, nämlich dann, wenn die Konkurrenz durch ihre Forschung einen Wettbewerbsvorteil erreichen kann. Da diese im Rahmen einer Pandemie jedoch genauso

---

[114] §323 BGB „Rücktritt wegen nicht, oder nicht vertragsmäßig erbrachter Leistung"

[115] Der Begriff „Kritikalität" beschreibt laut Wörterbuch (o.V., 1999, „Die neue Rechtschreibung" BZ-Verlag, Köln) *„in der Kernphysik das Kritischwerden eines Reaktors, das Erreichen des gefährlichen Punktes, wonach eine Kettenreaktion nicht mehr abreißt"* und eignet sich somit auch zur Betrachtung allgemeiner Prozesse anderer Industrien.

[116] Vgl. Porter, M.E. (1999), S. 73

eingeschränkt sein würde, sollte es zunächst genügen, den Status quo aufrecht zu erhalten. Ergo sind nur diejenigen Prozesse, welche die reine Verfügbarkeit von gegenwärtig verwendeter Ausstattung und Know-how gewährleisten, in dieser Kategorie als kritisch anzusehen und sicherzustellen.

Die Personalwirtschaft (Human Ressource Management) ist für die Auswahl, Einstellung und Weiterentwicklung von Mitarbeitern zuständig und unterstützt folglich auch jeden einzelnen Prozess sowie sich selbst. Für die Annahme eines „gewöhnlichen“ Notfalls wäre die Unterbrechung dieses Supportprozesses für eine bestimmte Zeit vielleicht unkritisch. Im Rahmen einer Pandemie und einer Infektion innerhalb der Belegschaft bilden die Disposition von Mitarbeitern und das Besetzen von Schlüsselpositionen einen integralen Bestandteil des Notbetriebs. Die Personalwirtschaft muss folglich in jedem Fall als kritisch eingestuft und aufrechterhalten werden.

Die Unternehmensinfrastruktur (Firm Infrastructure) „besteht aus einer Reihe von Aktivitäten, wozu die Gesamtgeschäftsführung, Planung, Finanzen, Rechnungswesen, Rechtsfragen, Kontakte zu Behörden und staatlichen Stellen und Qualitätskontrollen gehören.“[117] Hier ist jeder Prozess einzeln zu bewerten im Hinblick darauf, ob eine Unterbrechung unmittelbar oder mit zeitlicher Verzögerung einen finanziellen Schaden bringen würde. So könnte auf die Kreditorenbuchhaltung vermutlich etwas länger verzichtet werden als auf die Debitorenbuchhaltung, da die Verzögerung der Zahlungseingänge schneller zu einer Verknappung der finanziellen Ressourcen führt, als die Nichtwahrnehmung von Skonti und Vermeidung von Mahngebühren. Darüber hinaus dürfte bei den ebenfalls von den Auswirkungen der Pandemie betroffenen Debitoren mit Zahlungsverzögerungen und uneinbringlichen Forderungen gerechnet werden, die den Arbeitsaufwand der Debitorenbuchhaltung zusätzlich erhöhen.

Für jeden der als kritisch eingestuften Prozesse müssen nun detailliert die benötigten Ressourcen und Infrastrukturen ermittelt und dokumentiert werden. In Abhängigkeit von der Branche muss jedes Unternehmen unter diesen auch die potentiellen Gewinntreiber ermitteln, die in besonderem Maße gesichert werden müssen.

---

[117] Porter, M.E. (1999), S.74

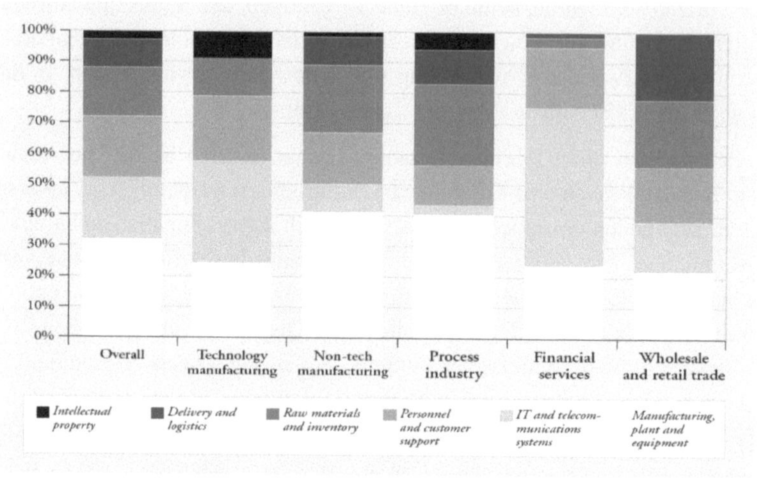

Source: National Association of Corporate Treasurers and FM Global

Abbildung 6: Top Earnings Drivers by Industry

Quelle:, Monahan, S., Laudicina, P., Attis, D. (2003), "National Association of Corporate Treasurers and FM Global", S. 11

Die Risikoanalyse wird im Falle der Pandemie ein wie in Kapitel 3.2 aufgezeigtes Szenario kreieren, aus welchem sich im Wesentlichen zwei Kategorien von Bedrohungen ableiten lassen. In direkter Form sind zunächst die Mitarbeiter als wichtigste und für jeden Prozess notwendige Ressource des eigenen Unternehmens bedroht. Mit einigen Mitarbeitern fällt auch Know-how (Intellectual Property) aus, das für die Abläufe der Prozesse benötigt wird. Aus dem Ausfall einer Schlüsselperson mit entsprechenden Entscheidungsbefugnissen kann darüber hinaus eine Handlungsunfähigkeit und damit Unterbrechung weiterer Prozesse resultieren.

Da nur wenige Unternehmen auf eine Krise dieser Größenordnung vorbereitet sind, ergibt sich eine zweite, indirekte Bedrohung aus dem möglichen Ausfall bzw. der Störung der Liefer- und Leistungsfähigkeit aller direkt oder indirekt am Produktionsprozess beteiligten Unternehmen.[118] Nach Erhebungen in U.K. rechnen 92 % der befragten Manager mit mittleren bis schweren Unterbrechungen ihrer Geschäftsprozesse im Falle einer Pandemie.[119] In der Folge muss mit einem

---

[118] Vgl. Woodman, P. (2006), S. 2

[119] Vgl. Woodman, P. (2006), S. 4

Ausfall verschiedener, für die kritischen Prozesse benötigter, Ressourcen und Infrastrukturen gerechnet werden.

Ein Ausfall der Energie als wichtigstem Betriebsstoff träfe jeden Prozess. Bei einem Ausfall der Telekommunikationseinrichtungen, welcher bei Telefonanlagen und Internetnutzung direkt aus dem Ausfall der Energie resultieren kann, fehlen wichtige Informationen, sowohl für primäre, als auch für sekundäre Prozesse. Dies ist im Bereich informationsabhängiger Branchen wie der Finanzdienstleistungsbranche besonders gravierend. Aber auch Technologie- und stark investierte Industrieunternehmen können innerhalb kürzester Zeit enorme Verluste erleiden, da sich die Märkte während einer Pandemie durch große Volatilität auszeichnen würden. Außerdem wären die Prozesse des Verkaufs und des Services umgehend durch die mangelnde Verbindung zum Kunden beeinträchtigt und gerade ausgelagerte Prozesse könnten unter Umständen nur noch unzureichend in den gesamten Prozess der Wertschöpfungskette integriert werden.

Der Ausfall von Lieferanten und die Unterbrechung globaler Lieferketten würden für die Beschaffung von Roh-, Hilfs- und Betriebsstoffen eine Herausforderung darstellen, was in der Folge zu einer Unterbrechung der Fertigungsprozesse führt, welche die Hauptwertschöpfung der produzierenden und verarbeitenden Industrie bilden. Neben den Lieferanten würden erwartungsgemäß auch diverse Dienstleister Schwierigkeiten bekommen, ihre vertraglich vereinbarten Leistungen aufrecht zu erhalten. Ein Ausfall von Transportunternehmen könnte sich für die Ein- und Ausgangslogistik schnell zu einem Flaschenhals entwickeln, der den Kapitalfluss unterbrechen und weitere Ressourcen, z.B. für die Lagerhaltung, binden würde. Dies träfe verstärkt den Groß- und Einzelhandel, aber auch andere Industriezweige müssten, gerade bei Anwendung von Just-In-Time Verfahren, mit erheblichen Komplikationen rechnen. Ausfälle bei Wartung und Kundendienst der für verfahrenstechnische Anlagen und Ausrüstungen zuständigen Dienstleister könnten ebenfalls kritisch für die Operationen der Unternehmung werden.

Die Möglichkeit einer Unzugänglichkeit von Betriebsgebäuden oder Grundstücken muss aufgrund der möglichen Eingriffe von Gesundheitsamt und Behörden ebenso berücksichtigt werden.

Es ergeben sich zusammengefasst die Störungs-Module „Ausfall von bis zu 50 % der Belegschaft“, „Verlust von Know-how“, „Ausfall einer Schlüsselperson“, „Ausfall der externen Energieversorgung“, „Ausfall der Telekommunikation“,

„Ausfall der Lieferanten für Roh-, Hilfs-, oder Betriebsstoffe“, „Ausfall eines externen Dienstleisters“, „Ausfall oder Störung eines ausgelagerten Teilprozesses (Outsourcing)“ sowie „Unzugänglichkeit von Betriebsgebäuden oder Grundstücken“.

Der Ausfall verfahrenstechnischer Anlagen könnte dann kritisch werden, wenn auf die üblichen Verfahren zur Behebung solcher Ausfälle nicht zurückgegriffen werden kann, weil er beispielsweise zeitlich mit dem Ausfall eines externen Dienstleisters, welcher für die Instandsetzung der gleichen Anlage zuständig ist, zusammenfällt. Da der Ausfall externer Dienstleister jedoch schon als eigenes Modul betrachtet und abgesichert wird, bedarf die hier betrachtete Kombination beider Störungsarten keiner zusätzlichen Absicherung. Der Ausfall von Kapital als Produktionsfaktor stellt einen Sonderbereich des Asset Managements insbesondere des Markt- und Liquiditätsrisikomanagements dar und soll insofern im Rahmen dieser Arbeit nicht weiter ausgeführt werden. Neben der Gefährdung dieser wichtigen Prozesse und Ressourcen sind weitere geschäftsprozessunabhängige Risiken bei einer Pandemie zu beachten. So kann, abhängig vom Endprodukt, die Sicherheit des Firmengeländes und der Mitarbeiter durch öffentliche Panik und Plünderungen sowie die Gesundheit der Mitarbeiter durch eine Infektion am Arbeitsplatz gefährdet sein.

4.2.1.2 Demand Impact Analysis

Zentrales Bestreben der bestehenden BCM-Ansätze ist es immer, einen Prozess gegen einen drohenden Ausfall zu schützen oder im Falle einer eingetretenen Unterbrechung eines Prozesses diesen innerhalb einer festgelegten Zeitspanne (RTO) wieder herzustellen. Dabei wird als Zielgröße immer die Ausgangsgröße vor der Unterbrechung für eine Wiederherstellung oder eine verminderte Größe im Falle eines Wiederanlaufs für einen zeitlich limitierten Notbetrieb formuliert, welcher jedoch schnellstmöglich wieder in den Ausgangszustand überführt werden sollte. Diese Ansätze resultierten aus der Überlegung, dass der Notfall, welcher für die Unterbrechung verantwortlich ist, nur das eigene Unternehmen betrifft und die gesamte Unternehmensumwelt ceteris paribus unverändert bleibt. Im Falle einer Pandemie ist diese Annahme jedoch hinfällig, da der Notfall in gleichem Maße die Unternehmensumwelt betrifft, demzufolge auch die Kunden, ganz gleich ob diese private Haushalte oder Unternehmen darstellen.

In Abhängigkeit von der Art der Kunden, der angebotenen Produkte und Dienstleistungen und der jeweiligen Form der auftretenden Pandemie ist davon auszugehen, dass die Nachfrage sich negativ oder aber auch positiv ändert. Beispielsweise wird erwartet, „dass die Vogelgrippe (...) Branchen von der Lebensmittelverarbeitung und Gastronomie bis zur Freizeitindustrie und Verkehr negativ beeinflussen könnte."[120] Und „Tourismus wird es für die Zeit der Pandemie nicht geben."[121] Auch Luxusgüter würden sehr viel weniger nachgefragt werden, was dadurch noch weiter verstärkt wird, dass diese häufig an Flughäfen und Urlaubsorten abgesetzt werden.[122] Produkte, die in direkter Verbindung mit dem Virus (Geflügel bei H5N1, Rindfleisch bei BSE, Schweinefleisch bei der Maul-und-Klauen-Seuche) oder der Infektionsweise stehen, würden erwartungsgemäß nahezu nicht mehr nachgefragt werden. Dies bedeutet jedoch, dass Produkte, welche in der Lage sind, diese zu substituieren, nun eine verstärkte Nachfrage erfahren können, sofern entsprechende Rahmenbedingungen stimmen. „So haben die Bedenken im Hinblick auf Hühnerfleisch schon zu einem Anstieg der Verkaufszahlen von nordischem Lachs geführt."[123] Für Medikamente, medizinische Versorgung, Hygieneartikel und Telekommunikation würde sogar mit einem Boom gerechnet werden müssen. Beide Gruppen können zusammengenommen als Produktgruppen mit Schlüsselfunktionen bezeichnet werden, die im Falle einer Pandemie eine Hochkonjunktur erfahren würden. So erwarten, laut einer Umfrage von Mercer, im Querschnitt durch alle Branchen 17% der befragten Unternehmen eine positive Auswirkung auf ihre Nachfrage für den Fall einer durch den Vogelgrippeerreger ausgelösten Pandemie.[124]

Einige Produkte des täglichen Bedarfs, unverderbliche Nahrung, Wasser etc. würden vermutlich in Befürchtung einer anhaltenden Krise zum Zwecke der Bevorratung in den ersten Wochen verstärkt nachgefragt, im weiteren Verlauf dafür mit einer verminderten Nachfrage konfrontiert werden.[125] Diese verminderte Nachfrage resultiert aus dem bestenfalls konstant gebliebenen Bedarf an Lebensmitteln, wobei der Anteil an erkrankten oder bereits verstorbenen Menschen den Bedarf sogar reduzieren würde. Zuvor aufgebaute Vorräte würden sukzessive abgebaut bevor große Supermärkte wieder verstärkt aufgesucht

[120] Atradius (2006), S. 1

[121] Allianz (2006), S. 59 zitiert nach Bielmeier, Stefan

[122] Vgl. Allianz (2006), S. 59

[123] Atradius (2006), S. 3

[124] Vgl. Mercer (2006), S. 11

[125] Vgl. Cooper, S. (2006), S. 14

werden würden, was die Nachfrage somit für eine gewisse Zeit unter das Ausgangsniveau sinken ließe.

Abbildung 7 skizziert nachfolgend mögliche Änderungen der Nachfrage für ausgesuchte Produktgruppen im Verlauf einer Pandemie.

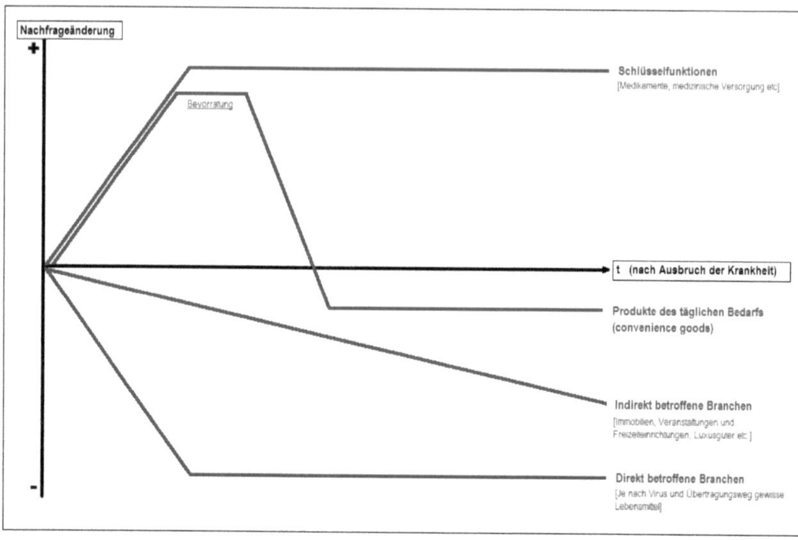

Abbildung 7: Demand Impact Analysis

Quelle: Eigene Darstellung

Indirekt betroffene Branchen würden die Nachfrageverschiebung vermutlich erst mit einiger Verzögerung, dafür jedoch unter Umständen nachhaltiger erfahren. So würden Pandemien mit hohen Sterblichkeitsraten auf längere Sicht eine Schwächung der Immobilienpreise bewirken können.

Für eine erste Einschätzung der Grobrichtung einer jeweiligen Nachfrageänderung soll an dieser Stelle zusätzlich auf die Bedürfnispyramide von Abraham H. Maslow verwiesen werden, welche auf der Annahme aufbaut, dass Grundbedürfnisse wie Hunger, Durst und Schutzbedürfnisse in einem gewissen Maße befriedigt sein müssen, bevor der Mensch auf den nächst höheren Ebenen sein Bedürfnis nach Anerkennung oder Selbstverwirklichung entwickeln und ausbauen kann.[126] Im Umkehrschluss kann daraus abgeleitet werden, dass ein krisenbedingt entstandener Mangel in allen Bereichen zunächst wieder eine

[126] Vgl. Maslow, A. (1943), S. 370-389

Fokussierung auf die Grundbedürfnisse bewirken würde. Eine Nachfrageverschiebung zugunsten aller essentiellen Güter wäre somit eine logische Konsequenz, die als grundsätzliche Tendenz bei der Analyse der eigenen Produkte Beachtung finden sollte.

Die Analyse der Unternehmung sowie ihrer Produkte und Dienstleistungen muss im Falle einer überregionalen Krisensituation also um eine Analyse der Nachfrageänderung erweitert werden, welche im Rahmen dieses Buches mit dem Begriff „Demand Impact Analysis“ (DIA) beschrieben wird.

Ergebnis der DIA sollte eine Anpassung des angestrebten Outputs an die veränderte Nachfrage für den Fall einer solchen Krise darstellen, die sich in den Zielgrößen der geplanten Notbetriebe widerspiegelt. Diese Veränderung kann für die weiteren Phasen eine entscheidende Schlüsselgröße darstellen, die je nach Ausmaß der erwarteten Änderung großen Einfluss auf die Maßnahmen oder sogar die gesamte Strategie haben würde, die in der Designphase erarbeitet werden.

Dies soll in einem kurzen Beispiel verdeutlicht werden. Ein Unternehmen, das Sportartikel herstellt, kommt im Rahmen der DIA zu dem Ergebnis, dass keine denkbare, die Allgemeinheit betreffende Krise eine direkte Verbindung mit den angebotenen Artikeln aufweisen würde. Die generellen Auswirkungen einer schweren öffentlichen Krisensituation würden jedoch einen Nachfragerückgang von 50-60 % bewirken. In diesem Falle wäre die wichtigste Maßnahme eine flexible Gestaltung der Produktionsprozesse, die es erlaubt, im Falle einer solchen Krise die Produktion schrittweise zu reduzieren. Die Kostenstrukturen sollten dabei dahingehend angepasst werden, dass eine Verminderung der Produktion nicht zu einer Erhöhung der Leerkosten führt. Eine Verknappung der Ressourcen und eine hohe Abwesenheitsquote der Mitarbeiter müssten in der Folge nicht unter hohem Aufwand wiederhergestellt, sondern nunmehr nur noch effizient gesteuert werden. Das Unternehmen überdauert die Krise also in einer Art „Winterschlaf“, der das Verlustpotential durch die Verringerung der variablen Kosten reduziert.

In allen Fällen einer negativen Auswirkung auf die Nachfrage sollte prinzipiell eine gezielte Diversifikationsstrategie erarbeitet werden, die eine Partizipation an einer Nachfragesteigerung für andere Güter bei vorhandenen Ressourcen wenigstens ermöglicht.

Neben der mengenmäßigen Nachfrageänderung ist jedoch auch mit einer Änderung des Einkaufsverhaltens zu rechnen. Aufgrund des hohen Infektionsrisikos und eventuell vielleicht schon bestehender Infektionen werden die Konsumenten nach Möglichkeit die Öffentlichkeit meiden und vorzugsweise auf andere Einkaufsformen als den Einzelhandel setzen. Versandhäuser und Internetshopping könnten infolgedessen eine enorme Nachfrageverschiebung zu ihren Gunsten erfahren, ohne dass sich die gesamte Nachfrage nach den angebotenen Gütern ändert. Diese Nachfragesteigerung würde sich in der Folge natürlich auch auf die Transportunternehmen ausweiten. Bei Banken könnte das Telefon- und Internetbanking zu Lasten des Schalterbetriebes wesentlich stärker in Anspruch genommen werden was dann wiederum besondere Beachtung in der Sicherung des Störungs-Moduls „Ausfall der Telekommunikation" finden muss.

Die Ergebnisse der DIA liefern schlussendlich neben grundsätzlich geänderten Basisannahmen für die Zielgrößen der Notbetriebe zwei weitere Module, die als „Mengenmäßige Nachfrageänderung" und „Änderung des Einkaufsverhaltens" bezeichnet werden können.

4.2.2 Design

Als erster Schritt der Designphase wird, wie bereits beschrieben, eine Strategie für die Entwicklung von Maßnahmen festgelegt. Diese setzt sich aus diversen Faktoren wie der Kultur des Unternehmens, den Ansprüchen wichtiger Stakeholder, der Risikoaversion der GL sowie der erwarteten Betroffenheit der Unternehmung, beispielsweise als Ergebnis der DIA, zusammen. Angesichts der Vorhersehbarkeit einer Pandemie kann dabei sogar eine Null-Strategie in Erwägung gezogen werden, die es vorsieht, in der akuten Pandemiephase den Geschäftsbetrieb für eine gewisse Zeit einzustellen und erst danach wieder aufzunehmen.[127] In diesem Fall muss jedoch sichergestellt werden, dass das Unternehmen nicht zu einer für Gesellschaft oder Wirtschaft kritischen Industrie gehört und auch für den möglicherweise mehrere Monate andauernden Unterbrechungszeitraum seinen fortlaufenden Verpflichtungen nachkommen kann. Dazu gehören sämtliche Fixkosten wie Miet- oder Zinsaufwendungen sowie die Mitarbeitergehälter. In diesem Fall erübrigt sich die weitere Planung der betrieblichen Kontinuität für die betrachtete Störquelle, welche dann in die Verantwortung der reinen Risikofinanzierung fällt.

Um nicht auf jede Abstufung oberhalb der Null-Strategie gesondert einzugehen und die maximalen Möglichkeiten der Maßnahmen darzustellen, wird im Rahmen dieser Arbeit eine Basisstrategie festgelegt, die eine maximale Aufrechterhaltung

---

[127] Vgl. Dorman, D. (2006)

der kritischen, sowie in zweiter Priorität der weniger kritischen Prozesse, bei der Entwicklung von Maßnahmen fordert. Dazu müssen nun für jedes ermittelte Modul präventive Maßnahmen zur Risikominderung sowie zur Vorbereitung von Sofortmaßnahmen zum Wiederanlauf geplant werden. Darüber hinaus kommt gerade bei der Betrachtung einer prolongierten Krisensituation wie der Pandemie, im Gegensatz zu ereignisbezogenen Notfällen, speziellen Maßnahmen zur Schadensbegrenzung eine besondere Bedeutung zu, da das BCM hier nicht zwingend vor gegebenen Tatsachen steht, sondern die Entwicklung und Schwere des Notfalls eventuell beeinflussen kann.

4.2.2.1 Maßnahmen zur Sicherung der Module

Um einem „Ausfall der Lieferungen für Roh-, Hilfs- und Betriebsstoffe" entgegenzuwirken, muss das Supply-Chain-Management in das BCM-Programm integriert werden. Das im Unternehmen geschaffene Bewusstsein für die Auswirkungen von Unterbrechungen muss auf die Zulieferer übertragen werden, indem diese von Anfang an in die Maßnahmen zur Schaffung einer BCM-Kultur sowie die Tests und Übungen integriert werden.[128] Da auch eine Lieferkette nur so stark ist wie ihr schwächstes Glied, muss die Erstellung von Notfallplänen auch bei den Zulieferern gefordert, gefördert und evaluiert werden. Dies sollte integraler Bestandteil bei der Auswahl neuer Vertragspartner und als werthaltiges Kriterium betrachtet werden.[129] Darüber hinaus sollte man sich neben einer konstanten Kommunikation mit den Zulieferern auch durch regelmäßige Besichtigungen vor Ort ein Bild von der „Robustheit" seiner Partner machen.[130] Denkbar wäre auch ein Angebot der aktiven Unterstützung bei der Implementierung eines BCM bei den Zulieferern, da auf diesem Wege der Einblick in die internen Abläufe und Krisenvorbereitungen optimiert und dem eigenen BCM zu einer verbesserten Auslastungssteuerung verholfen werden kann. In diesem Falle ist jedoch zwingend zu beachten, dass es sich nur um eine Unterstützung handeln darf und die eigenen Mitarbeiter nicht im Falle einer übergreifenden Krise, wie der Pandemie, im Krisenstab eines Zulieferers gebunden sind.

In Verbindung mit einem konstanten Monitoring der direkten Zulieferer, wie es im Rahmen des Kapitels 4.2.3 beschrieben wird, ermöglichen die gewonnen

---

[128] Vgl. Zsidisin, G.A./ Ragatz, G.L. (2003), S. 6

[129] Vgl. MAS (2004), S. 12

[130] Vgl. Zsidisin, G.A./ Ragatz, G.L. (2003), S. 21

Informationen die Erstellung von individuellen Risikoprofilen (Supplier Risk Profiling) und so einen effizienten Einsatz von risikomindernden Maßnahmen durch die Konzentration der Maßnahmen auf besonders gefährdete Zulieferer.[131] Als „besonders gefährdet“ kann ein Unternehmen auch eingestuft werden, wenn es beispielsweise aufgrund seiner Größe von einigen wenigen Kunden und seine Organisation von wenigen „kritischen“ Personen abhängt oder sich in der späteren Analyse als Flaschenhals der Lieferkette herausstellt.[132] Zu diesem Zweck muss zunächst ein Supply Chain Mapping erfolgen, welches das Netz der Zulieferer auf dem Weg zum eigenen Unternehmen darstellt und die Lieferketten transparent macht.[133] So können Interdependenzen und Flaschenhälse identifiziert werden, die sich häufig erst auf zweiter oder dritter Ebene zeigen.[134] Diesen kann prinzipiell entweder durch die Schaffung von Redundanzen, welche jedoch häufig mit zusätzlichen Kosten verbunden sind, oder durch die Erhöhung der eigenen Flexibilität begegnet werden.[135]

Entsteht eine kritische Stelle, weil mehrere Zulieferer im Netz von einem weiteren Zulieferer abhängen, sollte frühzeitig versucht werden, die Lieferketten umzustrukturieren, um das Risiko eines kumulierten Ausfalls mehrerer Zulieferer durch Diversifikation zu vermindern. Besonderes Augenmerk muss dabei globalen Lieferketten zuteilwerden, da diese zusätzlich durch die geplanten Grenzschließungen mancher Länder betroffen sind. Stark volatile Devisenkurse können zusätzlich die Rentabilität des Bezugs von Gütern eines Wirtschaftsraumes enorm beeinträchtigen. Folglich muss auch eine geografische Diversifikation im Netz der Lieferketten erreicht werden, um die Auswirkung einer lokal verstärkten Ausbreitung der Krankheit in anderen Ländern zu begrenzen. Güter besonders gefährdeter Zulieferer sollten immer von mindestens zwei oder mehr Zulieferern bezogen werden („Dual Sourcing Policy“).[136] Möglicherweise daraus resultierende Verschlechterungen der Einkaufskonditionen müssen dem erwarteten Schaden einer aus dem Ausfall des Gutes resultierenden Unterbrechung von Prozessen gegenübergestellt werden. Gerade kleine Unternehmen, die aufgrund ihres Einkaufsvolumens nur schwer auf

[131] Vgl. Zsidisin, G.A./ Ragatz, G.L. (2003), S. 14
[132] Vgl. Zsidisin, G.A./ Ragatz, G.L. (2003), S. 14-15
[133] Vgl. Zsidisin, G.A./ Ragatz, G.L. (2003), S. 11, 58
[134] Vgl. Zsidisin, G.A./ Ragatz, G.L. (2003), S. 11, 58
[135] Vgl. Monahan, S., Laudicina, P., Attis, D. (2003), S. 13
[136] Vgl. Zsidisin, G.A./ Ragatz, G.L. (2003), S. 23

die Risikopolitik ihrer Zulieferer einwirken können, müssen ihr Risiko verstärkt durch Diversifikation mindern.[137]

Ist die eigene Produktion von einem speziellen Teil abhängig, welches nur von einem Zulieferer bereitgestellt werden kann und eine Dual Sourcing Policy somit ausgeschlossen, sollte nach Substitutionsmöglichkeiten für dieses Teil geforscht werden. Diese können evtl. durch eine Änderung der Produktbeschaffenheit, welche die Verwendung von gebräuchlicheren Teilen ermöglicht, und eine im Zeitablauf des Produktionsprozesses nach hinten verlagerte Individualisierung der Produkte geschaffen werden.[138] Dies gilt gleichermaßen für den Bedarf an Betriebsstoffen in Form einer Umstrukturierung der eigenen Fertigungsprozesse.[139] Eine kurzfristige Unterbrechung der Lieferkette kann immer auch durch die Reservebildung in Form von eigenen Lagern abgesichert werden. Die Kosten einer solchen Lagerhaltung können durch die kurzfristige, flexible Anpassung der Lagerbestände an sich schnell ändernde Faktoren, wie das Risikoprofil eines Lieferanten, minimiert werden (Dynamic Inventory Planning).[140] Gleichzeitig kann eine Änderung der Risikoeinschätzung immer auch als Frühwarnsystem genutzt werden, um Stand-by-Lieferanten zu aktivieren. Diese sollten hierzu gezielt motiviert und regelmäßig auf ihre potentielle Verfügbarkeit hin überprüft werden, da sich die Beschaffungsversuche für bestimmte Waren nach dem Ausfall der ersten Zulieferer natürlich auf dem gesamten Markt zu Gunsten der verbleibenden Zulieferer verdichten.

Bei der Auslagerung von Prozessen und Unternehmensbereichen (Outsourcing) oder Teilen davon wird die Ausarbeitung von Service-Level-Agreements (SLA) auch im Rahmen des BCM häufig als Lösung herangezogen, um ein konstantes Maß an Leistungen vom Outsourcer zu erhalten, da dieser beim Unterschreiten festgelegter Mindestgrenzen zu schadenskompensierenden Vertragsstrafen verpflichtet ist.[141] Gerät der Outsourcer jedoch selbst in Schwierigkeiten oder wird gar zur Geschäftsaufgabe gezwungen, stellen SLAs keine Sicherung der Leistung mehr dar. Die rein rechtliche Vereinbarung über Leistungsort und -umfang des Outsourcers mindert nicht das Risiko einer Unterbrechung und die daraus resultierenden Folgeschäden. Deshalb müssen die Auswirkungen von „Ausfall

---

[137] Vgl. BCI / IMP Events (2005), S. 9

[138] Vgl. Zsidisin, G.A./ Ragatz, G.L. (2003), S. 13

[139] Vgl. Monahan, S., Laudicina, P., Attis, D. (2003), S. 14

[140] Vgl. Monahan, S., Laudicina, P., Attis, D. (2003), S. 14

[141] Vgl. Honour, D. (2004), S. 1, von Rössing, R. (2005), S. 227-228

oder Störung eines ausgelagerten Teilprozesses“ ebenso wie der „Ausfall eines Dienstleisters“ im Rahmen der BIA bewertet werden. Dass ein Prozess keine Kernaktivität darstellt, bedeutet nicht, dass dieser nicht „kritisch“ für andere Prozesse sein kann.[142] Der Outsourcer oder Dienstleister muss daher wie ein Teil des Unternehmens betrachtet und ebenso wie Zulieferer in das gesamte BCM-Programm der auslagernden Gesellschaft integriert und gleichermaßen regelmäßig und vollständig getestet werden.[143] Probleme könnten an dieser Stelle jedoch je nach Verbundenheitsgrad durch eine mangelnde Bereitschaft des Dienstleisters zur Offenlegung seiner internen Prozesse entstehen. Die eigene Planung sollte den Worst Case eines Ausfalls des Partners explizit mit einbeziehen und diesen zu unverzüglicher Anzeige jeder Änderung seiner BC-Pläne verpflichten.[144] Die vollständige Integration in das eigene BCM-Programm und die Verpflichtung zur Transparenz kann wiederum in einem SLA vereinbart werden. Zusätzlich müssen auch die Schnittstellen, gerade in Bezug auf eine Unterbrechung der Telekommunikation, besonders gesichert werden.[145]

Ein „Ausfall der externen Energieversorgung“ ist, wie in den Annahmen zur Szenarioentwicklung geschildert, generell möglich, weshalb die Verfügbarkeit dieser für jeden Prozess notwendigen Ressource sichergestellt werden muss. Um den Ausfall eines Stromnetzes zu kompensieren, sollten mehrere Netzanschlüsse parallel betrieben werden, die auf unterschiedliche, lokal getrennte Umspannwerke geschaltet sind, um beim Ausfall eines Umspannwerks über das andere Werk weiter mit Strom versorgt werden zu können.[146] Die in Abhängigkeit von der tolerierbaren Ausfallzeit häufig zusätzlich gewählte Variante einer bedarfsweisen Anmietung von Dieselgeneratoren ist bei einer Pandemie aufgrund entsprechend umfangreicher Nachfrage nahezu ausgeschlossen. Werden Generatoren vorher angeschafft, muss jedoch ebenfalls sichergestellt werden, dass der benötigte Treibstoff in ausreichendem Maße zur Verfügung steht, da die Beschaffung in Krisenzeiten nur sehr schwer sichergestellt werden kann. Es könnte sich nach eingehender Prüfung als sinnvoll erweisen, einen Teil der benötigten Energie beispielsweise durch Solarfächer oder Windkraft dauerhaft selbst zu generieren und so die Abhängigkeit von Energieversorgern prinzipiell zu verringern. Bei genauer Berechnung und Planung der Energiebedarfe der

---

142 Vgl. Honour, D. (2004), S. 1

143 Vgl. MAS (2004), S. 12-13, MAS Response (2004), S. 7

144 Vgl. MAS (2004), S. 12-13

145 Vgl. Flower, R. (2003), S. 1, Bundesamt für Sicherheit in der Informationstechnik (2006)

146 Vgl. Wikipedia – Stromausfall

kritischen Prozesse in Verbindung mit entsprechenden Notstromversorgungsplänen können so durch optimale Allokation der Energieressourcen auch längere Versorgungsunterbrechungen überstanden werden. Die dauerhafte Nutzbarkeit unabhängig von einem Notfall ermöglicht zudem eine zeitnahe Amortisation der Investition und mindert somit den finanziellen Mehraufwand der risikomindernden Maßnahmen.

Ein „Ausfall der Telekommunikation" kann durch einen Ausfall der Energieversorgung verursacht und mit dieser auch wiederhergestellt werden. Für Telefonanlagen sollte jedoch ein unterbrechungsfreier Übergang zum Notstrom sichergestellt werden, da die sonst notwendig werdende Neuprogrammierung die Wiederanlaufzeit der Kommunikationseinrichtungen unverhältnismäßig verlängern würde. Der Rückgriff auf analoge Telefone könnte während eines Stromausfalls die Kommunikation aufrechterhalten.[147] Einem Ausfall der Kommunikation aufgrund einer Überlastung des Anbieters kann unter Umständen präventiv entgegengewirkt werden, indem dessen Abhängigkeit von anderen Anbietern untersucht wird. Da die Ressourcen gerade bei Telekommunikationsanbietern gehandelt und angemietet werden, kann sich das Risiko für die Endkunden mit jedem weiteren Zwischenhändler erhöhen. Der Eigentümer der Infrastruktur verfügt zudem häufig über die Möglichkeit so genannte „Priority Accounts" einzurichten, welche die Versorgung bei eingeschränkter Verfügbarkeit der Leistungen sicherstellen.[148] Darüber hinaus sollte in jedem Fall eine gewisse Anzahl von Ausweichsystemen wie Satelliten- und Mobiltelefone sowie drahtlose Internetzugänge über UMTS, GPRS oder HSCSD bereitgehalten werden.[149]

Eine Erreichbarkeit für Kunden mit standardisierten Anliegen oder reinen Informationsbedürfnissen kann über Hotlines bei international aufgestellten Call Center erfolgen. Diese nutzen ihre regionale Unabhängigkeit schon jetzt, um nationale Unterschiede zum Beispiel bei Lohn- und Lohnnebenkosten auszuschöpfen, und können ihre Dienste im Falle einer Pandemie mit hoher Wahrscheinlichkeit weiterhin erbringen, indem sie Anrufe an andere Standorte in andere Länder weiterleiten. So kann trotz eines lokalen Ausfalls der gesamten Telekommunikationsinfrastruktur eine 24-stündige Erreichbarkeit per Telefon oder E-Mail gewährleistet werden, sofern dies nötig ist. Eine Überprüfung dieser

---

[147] Vgl. Basel Committee on Banking Supervision (2005), Annex 1, S. 21

[148] Vgl. Ministry of Economic Development New Zealand (2005), S. 7

[149] Vgl. Bank of Japan (2003), S. 11

Fähigkeit durch Einsicht in die BCP und deren Tests ist selbstverständlich dennoch erforderlich.

Die Verfügbarkeit der Mitarbeiter in kritischen Prozessen bei einem „Ausfall von bis zu 50 % der Belegschaft“ sicherzustellen, ist eine Herausforderung für das Human Resource Management (HRM). Zunächst ist die Gutenberg'sche Unterscheidung von objektbezogener und dispositiver Arbeit sinnvoll, da auf diese Weise bei der Vertretung von Kollegen auf ein bestehendes Basiswissen zurückgegriffen werden kann.[150]
Innerhalb der Gruppen müssen die Mitarbeiter aus kritischen und weniger kritischen Prozessen unterschieden und getrennt betrachtet werden. In jedem Fall muss gewährleistet sein, dass erkrankte Mitarbeiter in kritischen Prozessen durch Mitarbeiter aus weniger kritischen Prozessen ersetzt werden können. Dabei ist zu beachten, dass Infektionen in einer Abteilung und daraus resultierende Quarantäneerfordernisse mit hoher Wahrscheinlichkeit gleichzeitig sämtliche Mitglieder eines Teams oder einer Abteilungen ausfallen lassen, was dann den sofortigen Bedarf oder aber die Nichtverfügbarkeit einer großen Anzahl von Vertretern zur Folge hat. Um zu vermeiden, dass weniger kritische Prozesse oder gar ganze Abteilungen durch die Wahrnehmung von Vertretungen vollständig zum Erliegen kommen oder sämtliche Vertreter einer kritischen Abteilung durch die Infektion oder Quarantäne ihrer Abteilung schlagartig indisponibel werden, sollte eine größtmögliche Diversifikation der Abteilungen bei der Besetzung der Vertretungspositionen angestrebt werden.

[150] Eine weitere Unterteilung kann in Abhängigkeit von der Unternehmensgröße sinnvoll sein. Sie sollte jedoch, wie im Text gezeigt wird, aus Gründen der Diversifikation zurückhaltend betrieben werden.

Abbildung 8 skizziert das Problem der geschlossenen Vertretung einer kritischen Abteilung durch eine andere Abteilung, wie es in Unternehmen häufig anzutreffen ist. Aufgrund der schnellen Ansteckungsmöglichkeit bei einer Pandemie führt die Infektion von Abteilung 1 bei dieser Variante zu einer vollständigen Vertretung durch Abteilung 5, welche in der Folge geschlossen werden muss. Genauso führt die Infektion von Abteilung 7 zu einem vollständigen Ausfall aller potentieller Vertreter für Abteilung 3. Diese beiden Situationen können jedoch leicht vermieden werden, wenn die Vertreter aus unterschiedlichen Abteilungen stammen. Auf diese Weise können alle Abteilungen zumindest einen Notbetrieb aufrechterhalten.

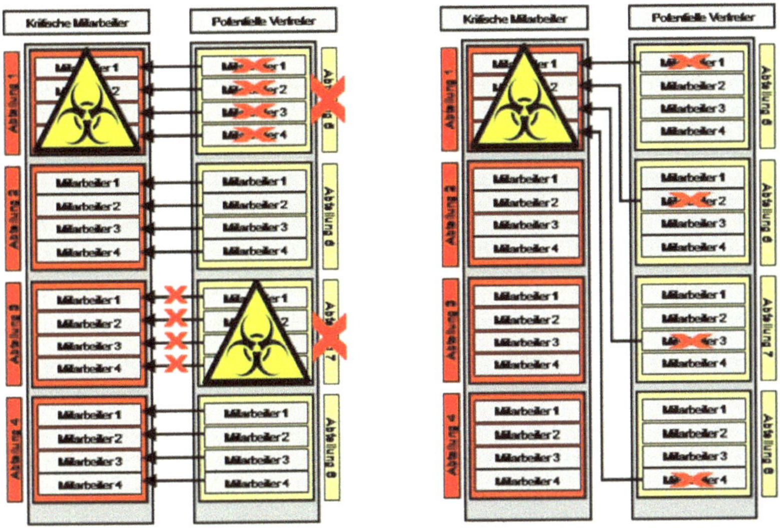

Abbildung 8: Modell der Vertreterregelung

Quelle: Eigene Darstellung

Dazu ist es notwendig, dem „Verlust von Know-how" vorzubeugen und dieses für die Vertreter verfügbar zu machen. Dies kann beispielsweise in Form von Verfahrensanweisungen oder Prozessbeschreibungen geschehen, die mit den Prozessverantwortlichen erstellt und als niedergeschriebenes Dokument oder als grafische Darstellung in Flowcharts dokumentiert werden. Diese können sich auf einen festgelegten Notbetrieb beschränken, wenn eine vollständige Version als zu aufwendig angesehen wird, was der in der Praxis häufig als Bestandteil des so genannten „Notfallhandbuchs" erfolgt. Bei Aktiengesellschaften, die an der NYSE gehandelt werden, und Banken bestehen solche Dokumente häufig bereits aus den Anforderungen des Sarbanes-Oxley-Act, der MaRisk oder vergleichbarer Regelungen und müssen somit nicht erneut erstellt werden.[151] Zusätzlich müssen „alle Verträge, Adressen wichtiger Ansprechpartner, anstehende Termine und Fristen (..) aktuell, vollständig, geordnet und jederzeit auffindbar aufbewahrt werden."[152] Wichtig ist dabei, dass sie im Notfall stets auf dem aktuellen Stand und sofort verfügbar sind, was idealer Weise durch ein zentrales Wissensmanagement ermöglicht wird.[153] Die Prozess- oder Verfahrensbeschreibungen müssen Bestandteil der BCP werden und in den kontinuierlichen Pflegeprozess integriert werden. Durch Cross Trainings in Form von „Job Shadowing" und „Job Rotation" muss für jede Stelle eines kritischen Prozesses mindestens eine Arbeitskraft in einem weniger kritischen Prozess für den Ersatz herangebildet werden.[154] Dabei besteht für das HRM eine besondere Herausforderung darin, bei Fluktuation und internen Abteilungswechseln sicherzustellen, dass zu jeder Zeit für jede kritische Position eine redundante Arbeitskraft zur Verfügung steht, die diese zumindest in ihrer Kerntätigkeit für eine begrenzte Zeit ersetzen kann. Ergänzend sollte bei der Entsendung von Mitarbeitern in den Vorruhestand eine Vereinbarung getroffen werden, die es ermöglicht, diese in außergewöhnlichen Krisensituationen wie einer Pandemie bis zu einem gewissen Alter zur Unterstützung heranzuziehen.[155] Eine vollständige Liste aller Ruheständler sollte darüber hinaus angelegt und entsprechende Kontaktdaten regelmäßig aktualisiert werden. Auf diese Weise kann auch eine freiwillige Unterstützung im Krisenfall angeregt werden.

---

[151] Vgl. MaRisk AT 5 Tz. 1 und 2, Honour, D. (2003), S. 6

[152] Füser, K., Heidusch, M. (2003), S. 162

[153] Vgl. auch Kapitel 4.2.3 dieses Buches

[154] Vgl. Ernst & Young (2006), S. 4-5

[155] Vgl. Ensom, J. (2006)

Der „Ausfall einer Schlüsselperson“ ist neben dem bereits behandelten Verlust von Know-how durch eine Handlungsunfähigkeit als Folge des Verlustes von Mitarbeitern mit speziellen Entscheidungsbefugnissen gekennzeichnet. Besonders deutlich wird dies bei Mitgliedern der Geschäftsführung, aber auch auf darunter liegenden Ebenen kann ein solcher Verlust zu einer Entscheidungslähmung oder zumindest einer Verzögerung dringender Entscheidung führen. Dem kann nur durch eine konsequente Nachfolgeregelung für alle Mitarbeiter mit entsprechenden Kompetenzen entgegengewirkt werden. In entsprechenden Vertretungsregelungen müssen Zuständigkeiten und Verantwortlichkeiten festgelegt und auf dem neuesten Stand gehalten werden. Diese sollten ebenfalls den Ausfall der Vertretung sowie je nach Position auch deren Vertretung regeln, da Verzögerungen mit insgesamt steigendem Krankenstand zunehmend kritischer werden. Entsprechende Vollmachten müssen für jeden Vertreter erteilt werden, damit auch im Notfall Verträge mit Kunden, Lieferanten oder Dienstleistern geschlossen werden können.[156] Essentielle Passwörter und Codes müssen den Vertretern umgehend zugänglich gemacht und Leserechte für Posteingänge erteilt werden. Letzteres ist beispielsweise im Customer Relationship Management (CRM) und Key Account Management von herausragender Bedeutung, um die Kommunikation mit den Beteiligten unverzögert fortsetzen zu können.

Einer „Unzugänglichkeit des Betriebsgebäudes oder des Grundstückes“ ist in vielen Organisationen bereits durch die Notfallplanung für Brand oder Bombendrohungen Rechnung getragen. Die generellen Maßnahmen unterscheiden sich dabei kaum von denen anderer Szenarien. Es muss ein Ausweichstandort (Alternate Site) geschaffen werden, der beispielsweise in einem räumlich entfernten Betriebsgebäude bestehen kann. Zur Kostenreduktion können auch mehrere Unternehmen eine Alternate Site gemeinsam betreiben. Für Infrastruktur unabhängige Unternehmen eignet sich bei Bedarf auch der Rückgriff auf Hotels und Konferenzzentren. Das „split operations model“ sieht eine generelle örtliche Teilung kritischer Prozesse auf unterschiedliche Standorte vor, die in der Lage sind sich gegenseitig ohne Wiederanlaufzeit vollständig zu ersetzen.[157] So könnte beispielsweise eine Personalabteilung in zwei Zuständigkeitsbereiche aufgeteilt und an unterschiedlichen Standorten angesiedelt werden. Durch den parallelen Ablauf identischer Prozesse ist somit

---

[156] Vgl. Füser, K., Heidusch, M. (2003), S. 161

[157] Vgl. HKMA (2002), S. 11 (4.5.2)

eine Abteilung in der Lage die andere bis zu einem gewissen Auslastungsgrad zu ersetzen. Dieses Verfahren ist jedoch nur sinnvoll, wenn der generelle Abstimmungsaufwand zwischen beiden Bereichen gering ist und die notwendige Mindestkommunikation auch während eines Krisenfalles gesichert werden kann.

Eine Schlüsselposition während der Krise kommt ebenfalls der Verkaufsabteilung zu, die Strategie und CRM an die veränderten Bedingungen anpassen muss. Eine Änderung der Verkaufsstrategie geht dabei direkt aus den Ergebnissen der Demand Impact Analysis in Verbindung mit der Kundenstruktur hervor.

Die „Mengenmäßige Nachfrageänderung" kann, wie in der Beschreibung der DIA aufgezeigt, unterschiedlichste Formen annehmen, die jeweils gesonderte Maßnahmen oder gar eine Änderung der Strategie erfordern. Direkt von der Pandemie betroffene Branchen, die mit einem teilweisen oder vollständigen Ausfall der gewöhnlichen Kunden rechnen müssen, sollten direkt nach einer möglichen Neuausrichtung für den Zeitraum der Pandemie suchen, auf die im Bedarfsfall mit verhältnismäßigen Rüstzeiten umgestellt werden kann. So könnten Restaurants, die wegen der erhöhten Infektionsgefahr der Gäste untereinander einen direkten Nachfrageausfall erwarten würden, durch eine zeitweise Umstrukturierung zum Cateringunternehmen für Firmen oder Hilfsgesellschaften den Betrieb aufrechterhalten.[158]

Unternehmen, denen beispielsweise durch die Produktion von Grundnahrungsmitteln oder Medikamenten eine Schlüsselposition mit gesteigerter Nachfrage zukommen würde, sollten sich ebenfalls auf eine schnelle Reaktion einstellen. Zum einen sollten sie nach Möglichkeiten suchen, ihre Produktion kurzfristig zu steigern oder auf spezielle Güter zu fokussieren und sich einer sich schnell ändernden Nachfrage anzupassen. Zum anderen sollten sie besonderes Augenmerk auf die Distribution ihrer Produkte legen. So könnte es sinnvoll sein, einen kontrollierten Direktverkauf am Produktionsort einzurichten und so die Abhängigkeit von Transportunternehmen zu senken und der Gefahr von Plünderungen gezielt entgegenzuwirken.

Nicht direkt betroffene Unternehmen, die nur in geringem Maße mit einer veränderten Nachfrage konfrontiert würden, sollten eine enge Kommunikation mit ihren bestehenden Kunden anstreben und Wege finden, diese auch unter widrigen Umständen aufrecht erhalten zu können. Genau wie im Supply Chain Management ist es auch für die eigenen Kunden enorm wichtig, über die aktuellen

---

[158] Vgl. Dorman, D. (2006)

Entwicklungen im Unternehmen informiert zu sein, um dies in ihrer laufenden Planung berücksichtigen zu können. Lieferunterbrechungen könnten den eigenen Kunden in Schwierigkeiten bringen und somit nicht nur das Vertrauen belasten, sondern über den Zeitraum der eigenen Lieferunterbrechung hinaus zu einem Ausfall der Nachfrage des Kunden führen. Die extremste Folge, eine Insolvenz des Kunden, würde darüber hinaus mit der Abschreibung offener Forderungen den eigenen Cashflow belasten. Eine enge Kommunikation muss folglich oberstes Gebot sein. Produktions- oder Lieferschwierigkeiten müssen dem Kunden umgehend bekannt gemacht werden und durch redundante Lager oder sogar die Vermittlung von Bestellungen an konkurrierende Unternehmen entschärft werden.[159] Um die möglicherweise eigenen knappen Ressourcen, auch im Verkaufsbereich, effizient einzusetzen, empfiehlt es sich, die Kunden nach dem Pareto-Prinzip zu segmentieren, welches besagt, dass 20 % der Kunden häufig 80 % des Umsatzes bewirken.[160] Zumindest mit diesen sollte eine ausreichende Kommunikationsdichte und im Falle von Produktionsengpässen vorrangige Belieferung angestrebt werden.

Einer „Änderung des Einkaufsverhaltens" ist bei größeren Unternehmen häufig bereits durch grundsätzliche Bemühungen, die Nachfrage durch verschiedene Distributionsformen optimal auszuschöpfen, Rechnung getragen. So vertreiben Unternehmen ihre Produkte neben dem klassischen Einzelhandel häufig gleichzeitig über Onlineshops, Kataloge, Fernsehshopping und andere alternative Absatzkanäle. In diesem Fall muss die Belastbarkeit möglicherweise nur am Rande genutzter Absatzwege bei schlagartig ansteigender Inanspruchnahme getestet und sichergestellt werden. Dies beinhaltet die gesteigerte Inanspruchnahme von Call Centern und Websiten zur Bestellung von Waren, welche unter gewöhnlichen Bedingungen direkt im Laden eingekauft würden, sowie eine geänderte Logistiksteuerung, durch die Lieferung der Waren direkt zu den Kunden. Bei Unternehmen, die diese Absatzkanäle nicht nutzen und sich beispielsweise aus unternehmenspolitischen Gründen nur auf einen Teil der möglichen Distributionsformen beschränken, könnten für den Fall einer Pandemie im Vorfeld Rahmenvereinbarungen mit Versandhandelshäusern und Internetplattformen getroffen werden. So wäre es denkbar, gegen eine entsprechende Prämie die Option vertraglich zu fixieren, vorhandene

---

[159] Vgl. Stohr, E.A. / Rohmeyer, P. (2004), S.42

[160] Vgl. Stohr, E.A. / Rohmeyer, P. (2004), S.41

Infrastrukturen anderer Unternehmen für einen festgelegten Zeitraum zu nutzen und so Nachfrageverschiebungen innerhalb der Absatzkanäle zu kompensieren.

4.2.2.2 Krisenbedingte Initiativen

Die Sicherung der Module trägt zu einer generellen Robustheit der Unternehmung gegen eine Vielzahl von Ereignissen bei, die zu den identifizierten Bedrohungen führen können. Im konkreten Fall einer akuten Pandemie müssen sie jedoch noch durch eine Reihe von organisatorischen Maßnahmen und speziellen Initiativen ergänzt werden, um der akuten Phase entgegenzuwirken. Diese „krisenbedingten Initiativen" könnten als weiter gefasste Variante der im Entwurf des britischen Standards BS25999 geforderten „action plans" in den Krisenmanagementplan (CMP) integriert werden.[161]

Der CMP muss zunächst, ohne Bezug auf den speziellen Notfall zu nehmen, die Rolle des Krisenstabs, seine organisatorische Stellung und Kompetenz sowie allgemeine Entscheidungsregeln definieren, um ihn im Ernstfall sowohl für das Notfall- als auch für das Krisenmanagement zu befähigen. In Bezug auf eine Pandemie sind im Besonderen die Zusammensetzung und Aktivierung des Krisenstabs von Bedeutung. Dem Stab sollte zumindest ein Mitglied des BCM-Teams angehören, um Komplikationen bei der Umsetzung entwickelter Maßnahmen vorzubeugen und Notfallteams zu koordinieren. Durch weitere Mitglieder sollten die Bereiche Unternehmenskommunikation/ Öffentlichkeitsarbeit, Arbeitssicherheit/ Objektschutz, Personalabteilung, Betriebsrat, Rechtsabteilung sowie Arbeitsmedizinischer Dienst und Gesundheitsmanagement vertreten sein.[162] Des Weiteren sollten Mitglieder mit beratender Funktion wie Veterinär- und Humanmediziner unterstützend hinzugezogen werden.

Die Einberufung des Krisenstabs obliegt zwar der GL, doch sollte der Zeitpunkt für dessen Aktivierung (Trigger) sowie die Erklärung der Krise in Anbetracht der verschiedenen Stadien einer Pandemie klar definiert werden.[163] Dies kann in Anlehnung an die WHO-Phasen geschehen oder beispielsweise durch den ersten Infektionsfall im Unternehmen oder in einen bestimmten Radius um das Unternehmen herum definiert werden. Sinnvoll erscheint die Aktivierung des

---

[161] Vgl. BSI (2006), S. 29

[162] Vgl. Albrod, M. (2005), S. 132, BGDP (o.J.), S. 1

[163] Vgl ASIS (2005), S. 18

Krisenstabs mit Beginn der WHO-Phase 5, da sich in diesem Fall eine weitere Definition von Triggern zur Aktivierung von Sofortmaßnahmen erübrigt und diese als Teil des Notfallmanagements in den Aufgabenbereich des Krisenstabs fallen.

Wichtigster Bestandteil der zumeist schadensbegrenzenden „krisenbedingten Initiativen" ist im Rahmen der Pandemie der bestmögliche Schutz der im Unternehmen beschäftigten Mitarbeiter. Dieser ergibt sich schon aus der „Fürsorgepflicht des Arbeitgebers" und der „Pflicht zu Schutzmaßnahmen" und erfordert die Einbindung von Gesundheitsmanagement und Betriebsärzten.[164] Auch hier ist die Unterscheidung von dispositiver und objektbezogener Arbeit sinnvoll. Während letztere häufig an Maschinen oder Fertigungsstraßen gebunden ist und nur schwer den Standort wechseln kann, bietet sich für dispositive Arbeitskräfte die Verlagerung auf Heim- und Telearbeitsplätze an. Auf diese Weise kann ihr Kontakt zu anderen Menschen und damit ihr Infektionsrisiko reduziert werden. Dies erfordert jedoch die rechtzeitige Ausstattung der häuslichen Arbeitsplätze sowie eine Überprüfung durch das Gesundheitsmanagement. Eine entsprechende Erweiterung der informationstechnischen Infrastrukturen des Unternehmens auf eine große Anzahl von virtuell zugeschalteten Mitarbeitern erfordert seinerseits einen ausreichenden zeitlichen Vorlauf und ist als Teil des klassischen IT-Disaster Recovery anzusehen.

Unabhängig vom Arbeitsplatz müssen sämtliche Mitarbeiter rechtzeitig über geeignete Selbstschutzmaßnahmen informiert werden, um das Infektionsrisiko zu mindern, sowie mit Verhaltensregeln beim Auftreten von Symptomen vertraut sein.[165] Die rechtzeitige Produktion von Broschüren mit allen wichtigen Punkten hilft bei der einheitlichen Information aller Mitarbeiter.[166] Die wahrscheinliche Weitergabe der Broschüren an Familienmitglieder reduziert zudem das Infektionsrisiko der Mitarbeiter auch außerhalb der Arbeitszeit.[167] Für den Fall, dass am Arbeitsplatz Symptome einer Erkrankung auftreten, sollten betreute Isolationsräume geschaffen werden, in die sich betroffene Mitarbeiter begeben, bis ein Transport nach Hause oder ins Krankenhaus organisiert werden kann.[168]

---

164 Vgl. HGB §62 „Fürsorgepflicht des Arbeitgebers", BGB §618 "Pflicht zu Schutzmaßnahmen"

165 Vgl. BGDP (o.J.), S. 3

166 Vgl. Silcox, S. (2006), S.18

167 Vgl. Silcox, S. (2006), S.18

168 Vgl. Silcox, S. (2006), S.18

Ausgehend von der Übertragungsform der Tröpfcheninfektion, sollte versucht werden, jeden nicht zwingend notwendigen Direktkontakt mit anderen Menschen zu vermeiden und besondere Hygieneregeln zu befolgen.[169] Dies kann ferner durch organisatorische Änderungen des Arbeitgebers unterstützt werden, indem Meetings durch Telefon- und Videokonferenzen ersetzt und die Reinigung der Kleidung durch eine gelockerte Kleiderordnung erleichtert wird.[170] Die Einführung einer Kernarbeitszeit ermöglicht die Benutzung von öffentlichen Verkehrsmitteln außerhalb der Stoßzeiten und verringert die Anzahl sich gleichzeitig im Firmengebäude aufhaltender Personen.[171] Bei Schichtarbeiten sollte, wo dies möglich ist, eine Pause beim Schichtwechsel zum Lüften und Desinfizieren der Arbeitsbereiche eingeplant werden.[172] In Betriebsgebäuden können die Ausgabe von Schutzkleidung, Masken und Desinfektionsmitteln sowie die regelmäßige Desinfektion sämtlicher Räumlichkeiten dienlich sein.[173] Kantinenbetriebe sind während der akuten Pandemiephase einzustellen und durch Cateringunternehmen zu ersetzen.[174]

Ein so genannter „Split-Team-Approach" vermeidet den vollständigen Ausfall ganzer Abteilungen durch gegenseitige Ansteckung, indem Teams geteilt und räumlich streng voneinander getrennt arbeiten.[175] Durch eine Rotation der Teams im Rhythmus der Inkubationszeit wird der drohenden Quarantäneanordnung für eine ganze Abteilung vorgebeugt.[176] Die Verbreitungsmöglichkeit der Erreger über Klimaanlagen innerhalb des Gebäudes muss vorab genau untersucht und diese im Zweifel abgeschaltet werden.[177] Eine vorbeugende Impfung der Mitarbeiter ist, wie in Kapitel 3.2 bereits gezeigt, aufgrund des „genetischen shift" nicht möglich und zum Schutz der Belegschaft frühestens zur zweiten oder dritten Welle verfügbar.

Um das Infektionsrisiko am Arbeitsplatz auf ein Minimum zu senken, ist im Ernstfall die stündliche Desinfektion von Aufzügen, Waschräumen und

---

[169] Vgl. American Red Cross (2006),
Basel Committee on Banking Supervision (2005), S. 24, 28

[170] Vgl. Basel Committee on Banking Supervision (2005), S. 24

[171] Vgl. Human Development Company Inc. (2006)

[172] Vgl. Human Development Company Inc. (2006)

[173] Vgl. Basel Committee on Banking Supervision (2005), S. 24, 28, BGDP (o.J.), S. 2

[174] Vgl. Albrod, M. (2005), S. 132

[175] Vgl. Basel Committee on Banking Supervision (2005), S. 24

[176] Vgl. Wikipedia – Business Continuity Planning

[177] Vgl. Albrod, M. (2005), S. 132

öffentlichen Bereichen erforderlich, was den normalen Aufgabenbereich der Reinigungskräfte jedoch bei weitem übersteigt. Diesem Umstand kann durch die schnelle Aufstellung spezieller Teams, im englischen Sprachraum als „Task forces" bezeichnet, entgegengewirkt werden, deren Einsatz vorab geplant und vorbereitet werden kann. Dies beinhaltet die genaue Anzahl benötigter Arbeitskräfte, Rekrutierung und entsprechende Einsatzplanung. Bereits im Vorfeld ausgearbeitete und bebilderte Kurzbeschreibungen spezieller Tätigkeiten erleichtern eine schnelle Personalrekrutierung im Bedarfsfall. Auch während einer Pandemie kann davon ausgegangen werden, dass weiterhin Arbeitsuchende verfügbar sind, da durch die Schließung betroffener Unternehmen auch gesunde oder bereits immunisierte Arbeitskräfte freigesetzt werden. Zum Thema „Reinigungskräfte" würde so kurzfristig eine stündliche Desinfektion stark frequentierter Bereiche und auch eine nächtliche Desinfektion und Reinigung der Büros und Arbeitsplätze ermöglicht. Gleiches gilt für die Sicherheit des Firmengeländes, die in einem Ausnahmezustand nicht mehr vom regulären Sicherheitspersonal gewährleistet werden kann. Firmenbereiche, die wegen Krankheit oder bewusster Freistellung der Mitarbeiter nicht mehr besetzt sind, müssen zusätzlich gesichert werden, da je nach Art der gelagerten Stoffe oder bereits produzierten Produkte mit Plünderungen und kriminellen Übergriffen gerechnet werden muss, vor denen Angestellte und Firmeneigentum zu schützen sind.[178]

Große Bedeutung kann einem Gesundheitsteam zukommen, welches den Betriebsarzt für die Dauer der Pandemie unterstützt. Da die medizinische Versorgung durch Rettungsdienste und ärztliche Notdienste wegen der starken Inanspruchnahme durch die Bevölkerung vermutlich nur mit großen Verspätungen und selbst dann nur für absolute Notfälle verfügbar sein dürfte, muss eine gesteigerte präklinische Erstversorgung bei Betriebsunfällen gesichert werden.179 Dazu muss eine Liste von Mitarbeitern mit medizinischer Grundausbildung, beispielsweise aus einer Tätigkeit während des Zivildienstes, aufgestellt werden, die durch Auffrischungskurse auf einen möglichen Einsatz vorbereitet werden sollten.

Innerhalb kürzester Zeit könnten solche Assistenten ebenfalls lernen, bei alarmierenden Mitarbeitern „ähnliche" von „gefährlichen" Symptomen der akuten Infektionskrankheit zu unterscheiden und dies mit entsprechenden

---

[178] Vgl. Columbia Daily Tribune (2005)

[179] Vgl. IAS-Stiftung (2006), S. 2

Schnelltestern verifizieren.[180] Da bei den meisten Virusinfektionen nach einer überstandenen Erkrankung eine Immunisierung eintritt, könnte nach der ersten Pandemiewelle eine Reihe von immunen Mitarbeitern zur Verfügung stehen, die ohne die Gefahr einer erneuten Infektion mit anderen Menschen in Kontakt treten können. Sobald eine Immunität für den speziellen Fall bestätigt wurde, sollten diese zur Unterstützung des Gesundheitsteams in der zweiten, zumeist schwereren Welle der Pandemie motiviert werden. Immunisierte Mitarbeiter aus unkritischen Prozessen, die nicht zum Ersatz anderer Mitarbeiter benötigt werden, könnten sich um die häusliche Versorgung erkrankter Angehöriger bisher nicht infizierter Mitarbeiter kümmern. Auf diese Weise würde deren Infektionsrisiko gesenkt und eine Rückkehr zum Arbeitsplatz ermöglicht werden.

Neben den krankheitsbedingt ausgefallenen Mitarbeitern und solchen, die wegen der Pflege oder Betreuung Angehöriger zuhause bleiben ist bei einer Pandemie weiterhin mit einem Fernbleiben aufgrund ausgefallener öffentlicher Verkehrsmittel oder aus Angst vor Infektionen zu rechnen. Letzterem kann durch die Maßnahmen der internen Kommunikation entgegengewirkt werden.[181] Um Mitarbeiter trotz fehlender öffentlicher Verkehrsmittel den Weg zur Arbeit zu ermöglichen, können Verträge mit Busgesellschaften geschlossen oder ein „Car pool-System" eingerichtet werden.[182]

Die weit reichenden organisatorischen Eingriffe in die Arbeitsabläufe erfordern eine exakte rechtliche Begutachtung der geplanten Maßnahmen bereits in der Planungsphase, um späteren Komplikationen oder gar Schadensersatzansprüchen vorzubeugen. Wichtige Aspekte in diesem Zusammenhang wären das Leistungsverweigerungsrecht des Arbeitnehmers nach § 275 Abs. 3 BGB und die Entgeltfortzahlungsansprüche nach § 3 Abs. 1 EFZG. Es sollte klar bewertet werden, ob die zur Sicherheit der Mitarbeiter vorbereiteten Maßnahmen ausreichen, um den Verpflichtungen aus § 62 HGB und § 618 BGB in ausreichendem Maße zu entsprechen. Die Bundesvereinigung der deutschen Arbeitgeberverbände empfiehlt deshalb vor dem Eintritt einer Pandemie eine Rahmenbetriebsvereinbarung für den Pandemiefall abzuschließen, welche beispielsweise die Anordnung von Heim- oder Kurzarbeit nach § 87 Abs. 1 Nr.3 BetrVG oder von zumutbarer, jedoch vertraglich nicht geschuldeter

[180] Vgl. Löwer, C. (2006)

[181] Vgl. auch Kapitel 4.3.1 dieses Buches

[182] Vgl. Whittet, L. (2005)

Arbeitsleistung, die sich aus der Treuepflicht des Arbeitnehmers ergibt, regelt.[183] Auch die Befolgung der Selbstschutz- und Hygienemaßnahmen sowie besondere Urlaubs- und Freistellungsregelungen sollten Bestandteil dieser Vereinbarung sein.[184] Beim Umgang mit biologischen Arbeitsstoffen sind darüber hinaus die gesetzlich geregelten Schutzvorschriften zu beachten.[185]

4.2.3 Implementierung

Die Implementierung der BCP umfasst neben der Distribution der Pläne an die Beteiligten die Einleitung der erarbeiteten, präventiven Maßnahmen. Wie in Kapitel 2.3.4 beschrieben, müssen Verträge geschlossen oder geändert und zusätzliche Beschaffungen getätigt werden. Im Rahmen der Pandemie müssen zudem Schulungsmaßnahmen der Mitarbeiter für ihre Vertreterpositionen erstellt und koordiniert werden.

Um die bereits mehrfach angesprochenen WHO-Phasen, oder eine vergleichbare Einteilung, im eigenen BCM berücksichtigen zu können, ist die Einrichtung eines Monitorings von zentraler Bedeutung.[186] Auf lokaler Ebene empfiehlt sich die Anbindung an Frühwarnsysteme kommerzieller Anbieter wie dem RealFluTM von Roche oder dem „IAS Krisen- und Informationssystem“ der IAS Stiftung.[187] Diese ermöglichen einen dezidierten Einblick in die jeweiligen lokalen Ausbreitungen der Seuche. Ein eigenes Frühwarnsystem, wie es im Risikomanagement lange Bestand hat und im Gesetz zur Kontrolle und Transparenz im Unternehmensbereich gefordert ist, wird somit ohne größeren Aufwand möglich.[188] Das nun detailliert verfügbare Wissen lässt Entscheidungsträger nicht nur die Wahrscheinlichkeit einer Pandemie innerhalb eines bestimmten Zeitraumes abschätzen und so Entscheidungszeit gewinnen, sondern verschafft ihnen auch die Möglichkeit, den zeitlichen Einsatz von Maßnahmen effizient und wirtschaftlich zu steuern. So können umfangreichere Beschaffungen von antiviralen Medikamenten und Schutzkleidung, unter

---

[183] Vgl. BDA (2006), S. 5-6

[184] Vgl. BDA (2006), S. 5-6

[185] Vgl. TRBA500 (2006), BioStoffV (1999), BImSchV (2000)

[186] Vgl. Straker, C. (2005), S. 1

[187] Vgl. IAS InPaRisKO (2006), Roche RealFlu (2006)

[188] Vgl. §91 Abs.2 AktG („KonTraG“)

ständiger Kontrolle der Verfügbarkeit bei den Anbietern, nach hinten verlagert und Schulungsmaßnahmen effizienter geplant werden.

Neben der Beobachtung der Entwicklung der Pandemie sollten weitere gefährliche Veränderungen im ständigen Fokus des Krisenstabs stehen. Ein frühzeitiger Beginn des Monitorings globaler Entwicklungen ermöglicht es dem Supply Chain Management (SCM), die Lieferanten besonders gefährdeter Regionen in den Fokus der Betrachtungen zu rücken und rechtzeitig Ausweichstrategien zu erwägen. Ein konstantes Monitoring spezieller Lieferanten, die durch ihre Rolle in der eigenen Lieferkette oder ihrer Einstufung als „besonders gefährdet" verstärkte Beobachtung erfordern, kann die Wirtschaftsmeldungen der Presse und andere Quellen nutzen, um negative Entwicklungen frühzeitig zu erkennen.[189] Gleiches gilt für die den Vertrieb betreffenden Annahmen einer geänderten Nachfrage bei internationalen Absatzmärkten.

Das Monitoring der eigenen Belegschaft wird im Kern der Pandemiephase von zentraler Bedeutung für das HRM, um die Kontrolle über die Personaleinsatzplanung behalten zu können.[190] Dazu muss für jeden Mitarbeiter verzeichnet werden, ob dieser krank, gesund oder aufgrund einer überstandenen Erkrankung oder Impfung immunisiert worden ist, sowie seine Eigenschaft als Inhaber oder Stellvertreter einer Position in einem kritischen Prozess. Darüber hinaus muss der genaue Aufenthaltsort und die Zugehörigkeit zu bestimmten Teams, besonders bei Anwendung eines Split-Team-Approaches, festgehalten werden, um die Auswirkungen von drohenden Quarantäneerfordernissen schnellstmöglich antizipieren zu können. Die Aktualisierung dieser Daten sollte mit Beginn der Phase 6 wenigstens täglich erfolgen, damit der Krisenstab auf einen tagesaktuellen Überblick als Grundlage für weitere Maßnahmen zurückgreifen kann.

Die zentralen Bestandteile eines pandemiespezifischen Monitorings werden in Abbildung 9 noch einmal zusammengefasst dargestellt. Dabei wird davon ausgegangen, dass das zentrale Monitoring den Krisenstab und die Fachbereiche mit den generellen Entwicklungen der Pandemie versorgt und die Fachbereiche ihrerseits selbstständig Informationen ihres individuellen Bedarfs beschaffen.

---

[189] Vgl. Zsidisin, G.A./ Ragatz, G.L. (2003), S. 15, 21

[190] Vgl. Straker, C. (2005), S. 3

Das Status-Reporting bündelt die Informationen zu speziellen Tendenzen beim zentralen Monitoring und gewährleistet so eine effiziente Informationsversorgung des Krisenstabs aus einer Hand.

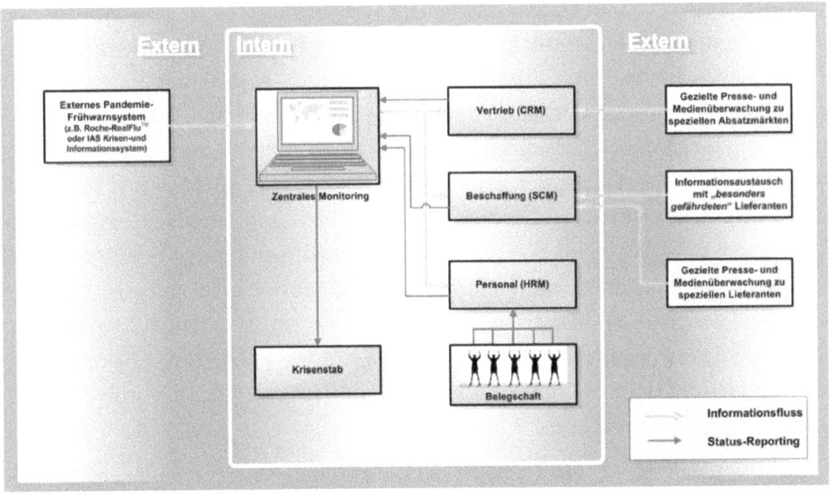

Abbildung 9: Monitoring interner und externer Entwicklungen

Quelle: Eigene Darstellung

Um den spezifischen Anforderungen einer Pandemie an das HRM, das SCM, das CRM, den Krisenstab sowie sämtliche mit der Vertretungen kritischer Positionen betrauten Mitarbeiter wirksam begegnen zu können, ist es notwendig, dass jeder Bereich die für ihn wichtigen Informationen, bestehendes Wissen und Dokumente schnell zur Verfügung hat.[191] Dies stellt gerade angesichts der erwarteten, internen Hyperfluktuation durch die Vertretung erkrankter Mitarbeiter eine besondere Herausforderung an die Organisation und Verwaltung von Informationen und Dokumenten dar. Da Vertreter aus Gründen der Diversifikation aus den unterschiedlichsten Bereichen kommen, muss diese Organisation unternehmensweit einheitlich geregelt werden, damit sowohl für als auch durch die Tätigkeit der Vertretung keine unnötigen Verzögerungen entstehen. Für jeden Vertreter müssen alle wichtige Dokumente sowie zur Verrichtung der Tätigkeit notwendiges, spezielles Wissen verfügbar sein, das prinzipiell in implizites und explizites Wissen unterschieden werden muss. Implizites Wissen (tacit knowledge) entsteht durch „informelle Lernprozesse in Produktion, Vermarktung und zwischenbetrieblicher Interaktion als empirische Erfahrung, die von den

[191] Vgl. Whittet, L. (2005)

beteiligten Personen nur schwer auf eindeutige Weise definierbar, kodifizierbar und damit transferierbar sind."[192] Dieses Wissen kann nur durch die bereits beschriebenen Personalentwicklungsansätze wie dem Job shadowing direkt an die Vertreter weitergereicht werden. Explizites Wissen hingegen ist kodifizierbar und somit durch formale Informationskanäle übertragbar.[193] Es kann in Form von Tätigkeitsbeschreibungen, Arbeitsanweisungen, Kontaktdaten wichtiger Ansprechpartner oder der Auflistung anstehender Termine festgehalten und personenunabhängig übertragen werden. Ferner müssen spezielle, aus dem Monitoring resultierende Informationen für die Bereiche HRM, CRM und SCM sowie deren Gesamtheit für den Krisenstab zur Verfügung stehen. Ein möglicher Systemansatz, der ein einheitliches Dokumenten-, Wissens- und Informationsmanagement in sich vereint und durch eine uneingeschränkte Komponentenwahl modifizierbar bleibt, ist das Enterprise Content Management (ECM).[194] Dieses erstreckt sich auf die Erfassung, Verwaltung, Speicherung, Bewahrung und Bereitstellung von Inhalten und Dokumenten in Verbindung mit organisatorischen Prozessen.[195]

Unabhängig davon, ob ein ECM-System, ein reines Wissensmanagement oder eine Optimierung der organisatorischen Abläufe zur Gewährleistung der ständigen Verfügbarkeit der häufig als vierten Produktionsfaktor bezeichneten Ressource „Wissen und Information" gewählt wird, stellt die unternehmensweite Verankerung dessen neben der Implementierung des externen Monitorings in jedem Fall die Hauptaufgabe des BCM in dieser Phase des Planungsprozesses dar.

---

[192] Drewello, H., Wurzel, U.G. (2002), S.18 zitiert nach Hurtienne, Messner (1996)

[193] Vgl. Zentrum für europäische Wirtschaftsförderung GmbH (2006)

[194] Vgl. Kampffmeyer, U. (2003), S. 15

[195] Vgl. Kampffmeyer, U. (2003), S. 15, AIIM (2006)

4.3 Pandemiephase

4.3.1 Phase 5 – Aktivierung

Mit der WHO-Phase 5 beginnt, zumindest für alle Unternehmen, die internationale Verflechtungen nicht ausschließen können, die Pandemiephase. Der Zeitraum bis zum Erreichen der Phase 6 wird für das United Kingdom auf drei Wochen geschätzt und dürfte auch in anderen Ländern nur geringfügig davon abweichen.[196] Krisenstab und Krisenleitstand müssen daher unverzüglich aktiviert werden, um beim ersten lokalen Auftreten der Pandemie bereits handlungsfähig zu sein. Ein auf Pandemien fokussiertes Krisentraining für Mitglieder des Krisenstabs und maßgeblich an der Umsetzung der BCP beteiligte Mitarbeiter sowie die Festlegung wenigstens wöchentlicher Krisensitzungen sollten mit Beginn dieser Phase eingeleitet werden.[197] Eine letzte Überprüfung sollte sicherstellen, dass alle für eine Krise benötigten zusätzlichen Ressourcen beschafft und vorrätig sind. Die Verteilung von Laptops und Einwählkarten für das firmeninterne Netzwerk zum Aktivieren der Heimarbeitsplätze kann bereits in Angriff genommen werden, um eventuell auftretende Komplikationen noch rechtzeitig beheben zu können.[198]

Das vorab implementierte Monitoring muss nun auch in der Lage sein, die Auswirkungen lokal auftretender Infektionen auf Zulieferer, Kunden oder Dienstleister zeitnah zu erfassen und die betroffenen Abteilungen mit Informationen zu versorgen. Mit der ersten direkten Betroffenheit, also der Existenz schwacher Signale für eine eigene Unternehmenskrise, beginnt die latente Phase der Krise.[199] Da jede Krise eine operative und eine kommunikative Komponente hat, muss die „Krisenkommunikation (...) integrativer Bestandteil des Krisenmanagements sein.“[200] Das im Vorfeld festgelegte Kommunikationsteam innerhalb des Krisenstabs muss gewährleisten, dass sowohl die interne als auch die externe Kommunikation unverzüglich anläuft und keinen Raum für eine Vergrößerung des Schadens aufgrund negativer Spekulationen lässt. Dies zeigte sich in der Vergangenheit gerade an Beispielen wie BSE, Maul-und-Klauen-Seuche oder den bisherigen Fällen der Vogelgrippe. „Die Leitmedien verstärken durch skandalisierende Berichterstattung Ärger und

---

[196] Vgl. Straker, C. (2005), S. 2

[197] Vgl. Straker, C. (2005), S. 2

[198] Vgl. Straker, C. (2005), S. 2

[199] Vgl. Roselieb, F. (2006)

[200] Höbel, P. (2005), S. 1

Ängste. Aufgabe der Krisenkommunikation ist es, Vertrauen zu schaffen, zu bewahren oder wieder herzustellen."[201] Im Rahmen der internen Kommunikation ist es daher wichtig, den Mitarbeitern einen realistischen, aktuellen und ehrlichen Einblick in die Entwicklungen der Pandemie, die Betroffenheit des Unternehmens, den Stand der präventiven und aktuellen Maßnahmen sowie die individuellen Möglichkeiten des Einzelnen zu verschaffen.[202] Entscheidend ist dabei, dass die Zweiseitigkeit der Kommunikation gegenüber einer reinen Informationsübermittlung zum Tragen kommt. Den Mitarbeitern muss eine Möglichkeit gegeben werden, ihre Fragen und Befürchtungen an adäquater Stelle zu artikulieren.[203] Auf diese Weise können Panik entschärft und Mitarbeiter zur Rückkehr zur Arbeit motiviert werden.

Die externe Kommunikation richtet sich einerseits an Medien und die Öffentlichkeit, andererseits an Unternehmen, mit denen eine Geschäftsbeziehung besteht. Letztere erhalten ihre Informationen dezentral aus den für sie zuständigen Abteilungen, welche jegliche Kommunikation interner Verhältnisse jedoch durch das Kommunikationsteam freigeben lassen müssen. Dieses sollte je nach Größe des Unternehmens aus erfahrenen Krisensprechern, Fachexperten, juristischen Experten und PR-Experten bestehen.[204]

4.3.2 Phase 6 – Akute Krisensituation

Mit der Erklärung der WHO-Phase 6 wird die Pandemie auch in der lokalen Umgebung offiziell als akut eingestuft. Diese offizielle Bekanntgabe durch die WHO eignet sich zur eindeutigen Definition eines Zeitpunktes für die Erklärung der Krise und somit eventuell zu einer Übertragung der operationellen Führung an den Krisenstab. Dieser hat nun die Aufgabe, operativ an den Sofortmaßnahmen beteiligte interne Teams zu koordinieren und als zentraler Ansprechpartner für externe Ereignisdienste wie Feuerwehr oder Rettungsdienste zu fungieren (Notfallmanagement).[205] Des Weiteren muss er zusätzlich erforderliche Handlungsalternativen auf Basis des jeweiligen Informationsstandes ermitteln und dazu notwendige Entscheidungen treffen (Krisenmanagement).[206] Durch die

---

[201] Höbel, P. (2005), S. 2, vgl. auch WHO Outbreak (2005), S. 2

[202] Vgl. Whittet, L. (2005)

[203] Vgl. ASIS (2005), S. 20

[204] Vgl. Wiedemann, P.M. (2000)

[205] Vgl. Brauner, C. (2001), S. 27

[206] Vgl. Brauner, C. (2001), S. 25

Vorbereitungen des BCM kann der zeitliche Rahmen des üblichen Krisenmanagementprozesses aus Situationsanalyse, Planung und Entscheidung stark vergrößert werden. Zum einen bestehen bereits Sofortmaßnahmen, die den Bedarf neuer Entscheidungen zeitlich nach hinten verlagern, und zum anderen wird die Situationsanalyse durch die im gewählten Wissensmanagementansatz gespeicherten Informationen des Monitorings im Idealfall auf ein Minimum reduziert.

Neben dem prolongierten Krisenzeitraum von 3-24 Monaten ist vor allem der erwartete wellenförmige Verlauf einer solchen Infektionskrankheit zu berücksichtigen.[207] Nach einem ersten lokalen Rückgang der Krankheitsrate darf unter keinen Umständen ein Ende der Krise angenommen und eine Rückkehr zum Normalbetrieb in Angriff genommen werden, bis die mit der Katastrophenabwehr betrauten Behörden das Ende der Pandemie bestätigen. Werden Schutzmaßnahmen zu früh gelockert und krisenbedingte Initiativen aufgelöst, besteht für eine sehr wahrscheinliche zweite Infektionswelle ein nur noch unzureichender Schutz. In der Folge würde ein nur leicht angeschlagenes Unternehmen möglicherweise gerade in der Phase der Wiederherstellung des Normalbetriebs von einer zweiten Welle besonders hart getroffen werden können. Stattdessen sollte diese „Ruhephase" genutzt werden, um eine Bilanz der ersten Welle zu ziehen und auf dieser Grundlage, wie zuvor nach Tests oder Simulationen, umgehend die Pläne zu überarbeiten.[208] Es muss kritisch hinterfragt werden, ob die bisherigen Maßnahmen ausreichend sind, die gerade erfahrene Krise noch einmal in einer verschärften Variante zu überstehen. Sofern zu diesem Zeitpunkt bereits ein Impfstoff verfügbar ist, kann mit dessen Beschaffung und dem Angebot einer Impfung der Belegschaft begonnen werden. Sollten Mitarbeiter weniger kritischer Bereiche zuvor präventiv freigestellt worden sein, können diese nun zu einem ersten Nacharbeiten entstandener Rückstände wieder herangezogen werden, um die maximal tolerierbare Ausfallzeit für diese Prozesse noch einmal zu prolongieren. Eine Betreuung traumatisierter Mitarbeiter kann nach der akuten Phase besonders wichtig werden und sollte unbedingt gefördert werden. Beispielsweise könnten abends unter professioneller Leitung Gruppengespräche angeboten werden, die eine Verarbeitung des Erlebten ermöglichen. Durch eine solche Form der Sozialbetreuung oder Kurzgruppenpsychotherapie kann posttraumatischen Belastungsstörungen und

---

[207] Vgl. Dorman, D. (2006)

[208] Vgl. Straker, C. (2005), S. 3

posttraumatischem Stress, welche sich in Form von Konzentrationsschwierigkeiten, Niedergeschlagenheit oder sogar Depressionen äußern, entgegengewirkt und somit eine volle Wiederherstellung der Arbeitskraft erreicht werden.[209]

4.4 Postpandemische Phase

Für das BCM beginnt in der postpandemischen Phase die Wiederherstellung des Normalbetriebes. Das bedeutet, dass sämtliche ausgesetzten oder eingeschränkt fortgeführten Prozesse in der Reihenfolge ihrer maximal tolerierbaren Ausfallzeiten (MAO) wiederhergestellt werden müssen. Zu beachten ist dabei, dass durch den Wiederanlauf verschiedener, im Zeitablauf kritisch gewordener Prozesse nun durchaus eine höhere Priorität zur Wiederherstellung von Prozessen mit einer ursprünglich wesentlich größeren MAO bestehen kann. Eine genaue Kontrolle der veränderten Kritikalität der Prozesse und eine entsprechende Allokation möglicherweise immer noch knapper Ressourcen ist Aufgabe des BCM.[210] Krisenbedingt geänderte Führungsstrukturen sind wieder in ihre ursprüngliche Form zu überführen und besondere Maßnahmen zu deaktivieren. Dies beinhaltet auch die Auflösung der Task Forces und besonderer Teamstrukturen, die beispielsweise aus einem Split-Team-Approach resultieren. Programme zur psychologischen Betreuung von Mitarbeitern sind von dieser Auflösung nicht betroffen und sollten, solange ein Bedarf besteht, weiterhin aufrechterhalten werden, da die psychische Verarbeitung des Erlebten unter Umständen einen vielfach längeren Zeitraum einnehmen kann als die akute Krisensituation. Unmittelbar nach Beendigung der Krise muss das BCM eine rückwirkende Betrachtung in Form von „lessons learned“ erstellen, welche die Maßnahmen in ihrer Wirksamkeit und Durchführung bewerten. Die Ergebnisse münden direkt in der Überarbeitung und Ergänzung der bestehenden BC-Pläne, wie es bereits nach Tests und Simulationen der Fall war. Wiederherstellung bedeutet auch Nacharbeit der aufgeschobenen Arbeit, Ausgleichen von Überstunden, Abwicklungen mit Versicherungen sowie den Ersatz dauerhaft ausgefallener Mitarbeiter, was eine zeitliche Kalkulation dieser Phase im Vorfeld unmöglich macht.[211]

---

[209] Vgl. Tschuschke, V. (2003), S. 182-189, Psychiatrische Klinik Wil

[210] Vgl. ASIS (2005), S. 24

[211] Vgl. von Rössing, R. (2005), S. 193

5 Fazit

5.1 Kritische Würdigung

Die Analyse des Pandemierisikos mag bei Betrachtung der Komplexität und des Ausmaßes der möglichen Szenarien zuweilen einen gewissen Fatalismus und ein Gefühl der Unbeherrschbarkeit hervorrufen, das im schlimmsten Falle zu einer Verdrängung des Risikos aus dem Fokus des eigenen Handlungsfeldes führt. Ohne eine dezidierte Vorbereitung dürften die Chancen, eine Pandemie in ihrer schwersten Form zu überstehen, in der Tat als gering anzusehen sein.

Die Zerlegung der Gefahr in ihre Einzelteile, wie es im Rahmen der Analyse geschehen ist, macht jedoch deutlich, dass es durchaus möglich ist, ein solch komplexes Risiko auf ein akzeptables Nettorisiko zu reduzieren und so verhältnismäßig unbeschadet zu überstehen. Selbst das kritischste Modul eines „Ausfalls von bis zu 50 % der Belegschaft" ist nach entsprechender Vorbereitung zu bewältigen, wenn man berücksichtigt, dass nach Erhebungen im Durchschnitt nur 37 % der Mitarbeiter zur Aufrechterhaltung der kritischen Prozesse notwendig sind.[212] BCM scheint als Managementprozess durchaus geeignet zu sein, um Risiken, die schwer zu beeinflussen sind oder ein großes Schadenpotential besitzen, in klar strukturierter Form zu begegnen und sie auf diese Weise beherrschbar zu machen.

Als problematisch anzusehen ist jedoch die Ungleichheit der bisher veröffentlichten Ansätze. So besteht bei der Gestaltung der Pläne häufig nicht einmal ein Konsens darüber, ob sich der Fokus der zu behandelnden Bedrohungen, wie im Risikomanagement auf die Störquellen oder wie im modularen Ansatz, auf die speziellen Auswirkungen richten sollte. In der Folge nennen mit diesem Thema beauftragte Manager sowohl „Feuer" als auch den „Verlust des Gebäudes" als Gefahren, die es zu sichern gilt, obwohl beide Teil des gleichen Störprozesses sein können.[213]

Zur grundsätzlichen Verbesserung der betrieblichen Stabilität und somit auch Kontinuität ist es zu empfehlen die Prozesse wie im modularen Ansatz generell störungssicher zu machen, um auch auf unvorhergesehene Unterbrechungen reagieren zu können. Die Nachhaltigkeit permanenter Effizienz- und somit Wertsteigerung eines Unternehmens, wie sie auch im Deutschen Corporate

---

[212] Vgl. Ensom, J. (2006)

[213] Vgl. Woodman, P. (2006), S. 4

Governance Kodex gefordert wird, kann nur mit einer simultanen Steigerung der Robustheit gewährleistet werden.[214]

Die Ausarbeitung der Maßnahmen im Rahmen dieses Buches hat jedoch gezeigt, dass für umfassende Notlagen wie die Pandemie eine Kombination aus beiden Ansätzen gewählt werden muss, da diese nur durch die Verbindung der Vorteile beider Ansätze beherrschbar wird.

5.2 Die Krise als Chance

Im chinesischen Sprachgebrauch wird der Begriff „Krise" (Wei-Ji) als Zusammensetzung der Worte „Gefahr" und „Chance" gebildet, welche in der Praxis tatsächlich häufig sehr dicht beieinander liegen. So kann sich die Chance für den einen schon allein daraus ergeben, dass er eine uniforme Gefahr besser zu behandeln weiß als ein von der gleichen Gefahr betroffener Gegenspieler.

Laut Gartner Inc. würden zwei von fünf Unternehmen als Folge einer größeren Katastrophe Insolvenz anmelden müssen.[215] Diese These wird durch eine Erhebung des Chartered Management Institute in U.K. bekräftigt, nach der weniger als die Hälfte der befragten Unternehmen einen BCP für ihre kritischen Geschäftsprozesse besitzen (49 %) und von diesen wiederum nur 51 % den Verlust von Mitarbeitern abdecken.[216] Auf einen Ausfall von mehr als 20 % der Belegschaft wären sogar nur noch knapp 7 % der Unternehmen vorbereitet.[217]

Ob man bei einer globalen Krise von den Misserfolgen der Konkurrenz aktiv profitieren sollte, ist eine ethische Frage. Finanzkonzerne werden durch die Gesetzgeber verpflichtet, sich durch Risikomanagement, Frühwarnsysteme und Notfallplanungen vor Gefahren jeglicher Art zu schützen, da ein Ausfall gravierende Auswirkungen auf den Zahlungsverkehr und die gesamte Wirtschaft ihres Wirkungsraumes hätte. Die gleiche Verantwortung würde jedoch auch anderen Unternehmen in Bezug auf eine allgemeine Krisensituation zuteil. Unterbrechungen oder gar Insolvenzen würden sich bei unvorbereiteten Unternehmen schnell auf vor- und nachgelagerte Glieder einer

---

[214] Vgl. DCGK (2006), S. 6 (4.1.1)

[215] Vgl. Witty, R., Scott, D. (2001)

[216] Vgl. Woodman, P. (2006), S. 2,4

[217] Vgl. Woodman, P. (2006), S. 2,4,5 (Von 49% mit bestehendem BCP decken 51% einen Verlust von Mitarbeitern ab. Von diesen planen wiederum nur 27% für einen Ausfall von mehr als 20%)

Wertschöpfungskette ausweiten und die Volkswirtschaften nachhaltig aus dem Gleichgewicht bringen. Die entstehenden Arbeitslosen sähen sich zusätzlich inflationären Preisentwicklungen gegenüber, die beispielsweise bei einer Verknappung an Grundnahrungsmitteln zu einem Zusammenbruch der öffentlichen Ordnung führen könnten, die wiederum die Probleme der Unternehmen verschärfen und eine Abwärtsspirale in Gang setzen könnte. Meiner Meinung nach trägt folglich jedes Unternehmen nicht nur die Verantwortung für krisensichere und erprobte Vorbereitung auf eine Pandemie oder Krise ähnlichen Ausmaßes, sondern hat auch die ethische Pflicht das aus der Insolvenz eines Konkurrenten entstehende Vakuum best- und schnellstmöglich zu füllen, um einer Entwicklung von der Krise zur allgemeinen Katastrophe entgegenzuwirken.

Die Bedingungen dem nachzukommen, wären dabei prinzipiell ideal. Ausgehend von einem Produkt ohne krisenbedingte Nachfrageänderung und einem vollkommenen Markt würde der Ausfall von 40 % der Unternehmen dieser Branche ceteris paribus die Nachfrage für die Verbleibenden um 40 % steigern. Die Ressourcen würden zunächst unvermindert und durch den Nachfrageeinbruch der insolventen Unternehmen vermutlich sogar zu geringeren Preisen zur Verfügung stehen. Die Einstellung eines Geschäftsbetriebs würde qualifizierte Mitarbeiter mit Expertise in der gleichen Branche freisetzen, die durch den Know-how-Transfer sogar nachhaltige Wettbewerbsvorteile gegenüber der verbliebenen Konkurrenz schaffen könnten. Um ein auf diese Weise entstehendes „Marktvakuum" zu füllen, sollte die mangelnde Vorbereitung der Konkurrenz schon in der Planungsphase miteinbezogen und das eigene Frühwarn- und Monitoringsystem von Anfang an um eine Beobachtung der am Markt etablierten Konkurrenten erweitert werden. Dieses kann je nach gewählter Strategie auch deren Zulieferer, Schlüsselkunden und Geschäftspartner mit einbeziehen und die Informationen im gewählten Wissensmanagementansatz speichern. Auf diese Weise können die eigenen Prozesse von Beschaffung, HRM und Vertrieb mit zusätzlichen Informationen unterstützt und die GL frühzeitig auf strategische Entscheidungen vorbereitet werden. Sollte es zu einer solchen Situation kommen, könnten in Abhängigkeit von der Größe und Art der Unternehmen Zusammenschlüsse (Merger), Übernahmen (Acquisition) oder Teilkäufe bestimmter Bereiche ohne Verzögerung in Angriff genommen und der Gesamtkurs der Unternehmung auf eine Geschäftserweiterung ausgerichtet werden. Auch eine reine Übernahme größerer Gruppen von Arbeitnehmern ließe sich vorbereiten, indem beispielsweise eine „Einzweck-GmbH" (SPE) gegründet würde, welche diese vollständig rekrutiert und nach und nach in die

Unternehmung integriert. Ihre eigene Rechtspersönlichkeit würde dieser SPE die Möglichkeit verleihen, besondere Tarifverträge, Kündigungsschutzrechte und übermäßigen Aufwand für das HRM aus dem Risiko-Fokus der Unternehmung zu entziehen und dessen Reaktionszeit somit entscheidend zu verkürzen.

Der Duden definiert „Krise“ als „problematische, mit einem Wendepunkt verknüpfte Entscheidungssituation“; eine Definition, die durch die zitierten Erhebungen untermauert wird und das darwinistische Credo „Survival of the fittest“ erneut bestätigt. Mit Business Continuity Management können Unternehmen jedoch über einen Managementprozess verfügen, welcher die Widerstandsfähigkeit gegen Krisen von einer unsicheren Größe zu einer überprüfbaren Stärke heranwachsen lässt.

6 Literaturverzeichnis

Verzeichnis der nicht-elektronischen Quellen

Albrod, M. (2005): Betriebsärztliche Aufgaben im Kontext einer Influenza-Pandemie, in: ErgoMed, 5.2005, S.131-135

Engel, Helge (2005): Gesprengte Ketten - Absicherung der Supply Chain durch ein unternehmensweites Business Continuity Management, in: RISKNEWS, 05/05, S.39-45

Füser, Karsten, Heidusch, Mirjam (2003): Rating - Einfach und schnell zur erstklassigen Positionierung Ihres Unternehmens, Rudolf Haufe Verlag, 2003

Löwer, Chris (2006): Chip identifiziert Krankheiten sofort, in: Handelsblatt, Nr. 141, Juli 2006, 25.07.2006, S.18-19

o.V. (BDA 2006): Bundesverband der Deutschen Arbeitgeberverbände: Arbeitsrechtliche Folgen einer Pandemie, Berlin, 2006

o.V. (Handelsblatt 2006): Geplante Katastrophenabwehr, in: Handelsblatt, NR.133, Mai 2006, 23.05.2006

o.V. (House of Lords 2005): Great Britain, Parliament, House of Lords: Science and Technology Committee: Pandemic Influenza, The Stationery Office, 2005

Porter, Michael E. (1999): Wettbewerbsvorteile (Competitive Advantage), Campus Verlag Frankfurt/New York, 1999

Romeike, Frank / Müller-Reichart, Matthias (2005): Risikomanagement im Versicherungsunternehmen, Wiley-VCH Verlag GmbH & Co KGaA, Weinheim, 2005

Silcox, Sarah (2006): Health - state of readiness, in: Health and safety at work, Bd.28, 2006, S.16-18

Tschuschke, Volker (2003): Kurzgruppenpsychotherapie, Springer, 2003

von Rössing, Rolf (2005): Betriebliches Kontinuitätsmanagement, mitp-Verlag, Bonn, 2005

Wagschal, Herbert/ Huth, Michael (2005): Alles im Fluss – Geschäfts-prozessbasierte Notfallplanung, in: RISKNEWS, 05/05, 2005, S.61-64

Verzeichnis der elektronischen Quellen

Adney, William M. (o.J.): A Professional's Guide to the Contents of a Business Continuity Guide, 18.07.06, http://www.drii.org

Auf der Heide, Eric (1989): Disaster Response, 12.07.06, http://orgmail2.coe-dmha.org

Brauner, Christian (2001): Präventive Schadenbewältigung, 01.08.06, http://www.swissre.com

Burtles, Jim (2005): Building a capable Emergency Management Team, 22.07.06, http://www.continuitycentral.com

Cooper, Sherry (2006): The Avian Flu Crisis: an Economic Update, 13.07.06, http://www.bmonesbittburns.com

Dorman, Dan (2006): Strategic Pandemic Planning for Business: One size does not fit all, 02.09.06, http://www.continuitycentral.com

Drewello, Hansjörg/ Wurzel, Ulrich G. (2002): Humankapital und innovative regionale Netzwerke - theoretischer Hintergrund und empirische Untersuchungsergebnisse, 11.09.06, http://www.diw.de

Duncan, William R. (1996): A Guide to the Project Management Body of Knowledge, 15.07.06, http://egweb.mines.edu

Ensom, Jim (2006): Most organisations prepared for flu pandemic, 19.07.06, http://www.globalcontinuity.com

Flower, Russel (2003): Outsourcing: The Business Continuity Implications, 22.07.06, http://www.continuitycentral.com

Haller, Matthias/ Wehowsky, Stephan (2001): Verwundbarkeit als neue Dimension im Risiko-Management - Theoretische Überlegungen nach dem Attentat vom 11. September, 21.09.06, http://www.risiko-dialog.ch

Höbel, Peter (2005): Kommunikation in Krisen - Krisen in der Kommunikation?, 11.09.06, http://www.crisadvice.com

Honour, David (2003): BIA Special - The results of Continuity Central into the business impact analysis, 13.07.06, http://www.continuitycentral.com

Honour, David (2004): Outsourcing: Are you putting the continuity of your business in someone elses's hands?, 18.07.06, http://www.rothstein.com

Kampffmeyer, Ulrich (2003): Enterprise Content Management - Zwischen Vision und Realität (Whitepaper), 11.09.06, http://www.project-consult.net

Leng, Chua Kim (2006): Further Guidance on Business Continuity Management, 08.08.06, http://www.mas.gov.sg

Litman, Todd (2006): Lessons from Katrina and Rita, 24.08.06, http://www.vtpi.org

Maslow, Abraham H. (1943): A theory of human motivation, 15.09.06, http://psychclassics.yorku.ca

McCrackan, Andrew (2004): Is business continuity a subset of risk management?, 18.07.06, http://www.continuitycentral.com

Monahan, Sean/ Laudicina, Paul/ Attis, David (2003): Supply Chains in a vulnerable, volatile world, 15.09.06, http://atkearney.com

o.V. (afp 2006): Seuche beschäftigt Chefetagen, 22.07.06, www.ksta.de

o.V. (AIIM 2006): About ECM, 11.09.06, http://www.aiim.org

o.V. (Allianz 2006): Pandemie - Risiko mit großer Wirkung, 28.08.06, http://www.allianz.com

o.V. (American Red Cross 2006): Home Care for Pandemic Flu, 25.07.06, http://www.bostonredcross.org

o.V. (ASIS 2005): Business Continuity Guideline: A practical Approach for Emergency Preparedness, Crisis Management, and Disaster Recovery, 13.09.06, http://www.asisonline.org

o.V. (AT&T / Cisco 2005): Business Continuity - Notfallplanung für Geschäftsprozesse (Whitepaper), 18.07.06, http://www.att.com

o.V. (atradius 2006): Vogelgrippe auch für Handel und Wirtschaft "ansteckend", 13.07.06, http://hugin.info/133508/R/1037775/168246.pdf

o.V. (Auswärtiges Amt 2005): Influenza Pandemieplan - Ausland, 04.09.06, http://www.auswaertiges-amt.de

o.V. (Bank of Japan 2003): Business Continuity Planning at Financial Institutions, 25.07.06, http://www.boj.or.jp

o.V. (Basel Committee on Banking Supervision 2005): High-level principles for business continuity (consultative document), 22.07.06, http://www.bis.org

o.V. (Basel Committee on Banking Supervision 2006): High-level principles for business continuity, 18.09.06, http://www.bis.org

o.V. (Baseler Ausschuss für Bankenaufsicht 2004): Internationale Konvergenz der Kapitalmessung und Eigenkapitalanforderungen, 29.08.06, http://www.bundesbank.de

o.V. (BCI 2002): Glossary of General Business Continuity Management Terms, 18.07.06, http://www.thebci.org

o.V. (BCI 2005): Business Continuity Management: Good Practice-Richtlinien, 25.07.06, http://www.thebci.org

o.V. (BCI / IMP Events 2005): Business Continuity Research, 13.07.06, www.thebci.org

o.V. (BCI-GPG 2002): Business Continuity Management - Good Practice Guidelines, 13.07.06, http://www.thebci.org

o.V. (BGDP o.J.): Influenza-Pandemie: Notfallplanung für Betriebe, 15.07.06, http://www.bgdp.de

o.V. (BMI 2005): Schutz Kritischer Infrastrukturen, 18.07.06, http://www.bmi.bund.de

o.V. (BSI 2006): DPC-BS25999-1 Draft, 18.07.06, http://www.bsi-global.com

o.V. (Bundesamt für Sicherheit in der Informationstechnik 2006): Unzureichendes Notfallvorsorgekonzept beim Outsourcing, 17.09.06, http://www.bsi.de

o.V. (Bundesministerium für Bildung und Forschung 2006): Infektionsforschung, 28.07.06, http://www.gesundheitsforschung-bmbf.de

o.V. (Bundesministerium der Finanzen 2006): Solvabilitätsverordnung Entwurf , 29.08.06, http://www.bafin.de

o.V. (Cabinett Office 2006): Contingency Planning for a possible Influenza Pandemic, 18.07.06, http://www.ukresilience.info

o.V. (Columbia Daily Tribune 2005): Police, residents loot New Orleans stores after Storm, 30.08.06, http://www.columbiatribune.com

o.V. (Continuity Forum 2006): Latest research: 2006 Business Continuity Management Survey, 25.07.06, http://www.continuityforum.org

o.V. (DCGK 2006): Deutscher Corporate Governance Kodex, 05.09.06, http://www.corporate-governance-code.de

o.V. (DRII 2003): Seven step Business Continuity Planning Model, 22.07.06, http://www.drii.org

o.V. (DRII 2004): Professional Practices for Business Continuity Planners, 13.07.06, http://www.drii.org

o.V. (DRJ / DRII o.J.): Business Continuity Glossary, 18.07.06, www.drj.com

o.V. (Emergency Preparedness 2004): Guidance on Part 1 of the Civil Contingencies Act 2004, its associated Regulations and non-statutory arrangements, 25.07.06, http://www.ukresilience.info

o.V. (Ernst & Young 2006): Preparing for a Pandemic, 26.06.06, http://www.ey.com

o.V. (Haller, M. 2006): Restrisiko ist zu hoch veranschlagt (Interview mit M. Haller), 28.09.06, http://www.risiko-dialog.ch

o.V. (HKMA 2002): Supervisory Policy Manual - Business Continuity Planning, 13.07.06, http://www.info.gov.hk

o.V. (Human Development Company Inc. 2006): Avian Flu Pandemic: A workplace planning guide, 13.07.06, http://www.humandev.com

o.V. (IAS InPaRisKo 2006): InPaRisKO - Influenza Pandemie Risiko- und Krisenmanagement für Organisationen, 25.07.06, http://www.ias-stiftung.de

o.V. (IMF 2006): The Global Economic and Financial Impact of an Avian Flu Pandemic and the Role of the IMF, 15.07.06, www.imf.org

o.V. (MAS 2003): Business Continuity Management Guidelines, 22.07.06, http://www.mas.gov.sg

o.V. (MAS 2004): Public Consultation: Guidelines on outsourcing, 12.09.06, http://www.mas.gov.sg

o.V. (MAS Response 2004): Response to the feedback on the consultation paper on Guidelines on Outsourcing, 12.09.06, http://www.mas.gov.sg

o.V. (Mercer 2006): Avian Flu Pandemic Preparedness Survey Report, 22.08.06, http://www.cosentry.com

o.V. (Ministry of Economic Development New Zealand 2005): Influenza Pandemic Planning: Q&A Log of issues raised by infrastructure providers, 28.08.06, http://healthcareproviders.org.nz

o.V. (Ministry of Economic Development New Zealand 2006): Pandemic Planning: Internal boundaries, 24.08.06, http://www.med.govt.nz

o.V. (NFPA 2004): NFPA 1600 Standard on Disaster/Emergency Management and Business Continuity Programms (2004 Edition), 13.07.06, http://www.nfpa.org

o.V. (Psychiatrische Klinik Wil 2006): Posttraumatischer Stress: Eine normale Reaktion auf abnormale Erlebnisse, 12.09.06, http://www.psychiatrie-nord.sg.ch

o.V. (reuters 2006): Pest-Ausbruch im Kongo "Banale Infektions-krankheit", 28.07.06, http://www.stern.de

o.V. (RiskNet 2006): Glossar, 06.09.06, http://www.risknet.de

o.V. (RKI 2005): Nationaler Influenzapandemieplan Teil II, 18.07.06, http://www.rki.de

o.V. (RKI 2006): Antworten des Robert-Koch-Instituts zur Influenzapandemieplanung, 28.07.06, http://www.rki.de

o.V. (Roche RealFlu 2006): Influenza RealFlu, 13.07.06, http://www.roche.de

o.V. (SearchSecurity 2006): Definition: Disaster Recovery Plan, 22.07.06, http://searchsecurity.techtarget.com

o.V. (The White House 2006): National Strategy for Pandemic Influenza - Implementation Plan, 25.07.06, http://www.whitehouse.gov

o.V. (UNAIDS 2006): Report on the global AIDS epidemic 2006, 25.07.06, http://data.unaids.org

o.V. (Universität Mainz 2006): Lehrstoffkatalog, 12.08.06, http://www.uni-mainz.de

o.V. (WHO 2006): Avian influenza update Number 49 (13.June 2006), 25.07.06, http://www.wpro.who.int

o.V. (WHO Influenza 2005): 10 things you need to know about pandemic influenza, 22.07.06, http://www.who.int

o.V. (WHO Outbreak 2005): WHO Outbreak Communication guidelines, 12.09.06, http://www.who.int

o.V. (WHO Phaseneinteilung 2005): Current WHO phase of pandemic alert, 01.06.06, http://www.who.int

o.V. (Wikipedia – Business Continuity Planning): Business Continuity Planning, 13.07.06, http://en.wikipedia.org

o.V. (Wikipedia - Epidemie): Epidemie, 18.07.06, http://de.wikipedia.org

o.V. (Wikipedia - Pandemie): Pandemie, 22.07.06, http://de.wikipedia.org

o.V. (Wikipedia - Stromausfall): Stromausfall, 18.08.06, http://de.wikipedia.org

o.V. (Zentrum für Europäische Wirtschaftsförderung GmbH 2006): Innovationsbezogene Wissensströme in der Europäischen Industrie: Umfang, Mechanismen, Auswirkungen, 11.09.06, http://www.zew.de

Popp, W. (2006): Geschichte der Desinfektion und Schädlingsbekämpfung, 26.09.06, http://www.uni-essen.de

Roselieb, Frank (2006): Frühwarnsysteme in der Unternehmenskommunikation, 12.09.06, http://www.krisennavigator.de

Shah, Hernant / Nakada, Peter (1999): 'P&C RAROC', 18.07.06, http://www.rms.com

Sharp, John (o.J.): The progress towards a standard for BCM, 05.08.06, http://www.continuityforum.org

Steinhoff, Christine (2005): Gesundheitswesen - Influenza-Pandemie, 13.07.06, http://www.bundestag.de

Stohr, Edward E. / Rohmeyer, Paul (2004): Business Continuity in the Pharmaceutical Industry, 22.07.06, http://howe.stevens.edu

Straker, Charlie (2005): The five stages of pandemic response planning, 07.08.06, http://www.continuitycentral.com

Treanor J. (2006): Die Pandemie ist gewiss, (Interview mit Schönstein, Jürgen) 13.07.06, http://focus.msn.de

Whittet, Leslie (2005): Business continuity during an avian flu pandemic, 11.09.06, http://www.continuitycentral.com

Wiedemann, Peter M. (2000): Risikokommunikation für Unternehmen, 12.09.06, http://www.fz-juelich.de

Witty, Roberta/ Scott, Donna (2001): Commentary: Firms need recovery plans, 13.09.06, http://news.com.com

Woodman. Patrick (2006): Business Continuity Management - May 2006, 13.09.06, http://www.ukresilience.info

Zsidisin, George A. / Ragatz, Gary L. (2003): Effective Practices in Business Continuity Planning for Purchasing and Supply Management, 24.07.06, http://www.bus.msu.edu

André Grimmelt: Pandemien. Herausforderung für das Risikomanagement von Unternehmen?

2008

Abbildungsverzeichnis

Abbildung 1 Austausch von Grippeviren

Abbildung 2 Mögliche Auswirkungen einer Grippepandemie in Deutschland

Abbildung 3 Auswirkungen einer Pandemie auf das öffentliche Leben

Abbildung 4 WHO Phaseneinteilung einer Influenzapandemie

Abbildung 5 H5N1-Fälle beim Menschen

Abbildung 6 Pandemie-Szenarien: Nachfrageausfall

Abbildung 7 Auswirkungen der Pandemie auf Gewerbezweige im Worst-Case-Szenarium

Abbildung 8 Einschätzung des betriebswirtschaftlichen Schadens einer Pandemie für das eigene Unternehmen

Abbildung 9 Pandemiefolgen im eigenen Unternehmen

Abbildung 10 Schematischer Verlauf einer Pandemiewelle mit Auswirkungen auf den Personalausfall

Abbildung 12 Risikoanalyse

Abbildung 13 Risikoanalyse

1 Einleitung

Unternehmerisches Handeln bedeutet, Risiken einzugehen, um Chancen zu nutzen. Dabei dürfen Risiken das Erreichen von Unternehmenszielen nicht gefährden. Aus diesem Grund umfasst eine erfolgreiche Unternehmensführung auch das Erkennen und Analysieren von Risiken sowie das Erreichen eines optimalen Chancen-Risiko-Profils für das Unternehmen. Dabei liegt der Focus der Risikobetrachtung auf Gefahren, die sich aufgrund einer unzureichenden Ausrichtung des Unternehmens auf das Geschäftsumfeld ergeben (strategische Risiken). Weiterhin werden Risiken beobachtet, die Folge einer negativen Entwicklung des Marktes sein können und somit eine Unsicherheit der zukünftigen Umsatzentwicklung bedeuten (Marktrisiken). Auch Risiken, die die finanzielle Stabilität und Liquidität eines Unternehmens betreffen (Finanzrisiken), Gefahren die sich aufgrund von gesellschaftlichen bzw. politischen Veränderungen ergeben und Risiken, die mit der internen Organisation und der Unternehmensführung im Zusammenhang stehen, werden im Management eines Unternehmens berücksichtigt.[218] In den letzten Jahren haben Terroranschläge, wie der Anschlag auf das World-Trade-Center oder Naturkatastrophen, wie im Jahre 2002 das Hochwasser an der Elbe, gezeigt dass Unternehmen nicht nur Risiken ausgesetzt sind, die sich allein aus ihrem wirtschaftlichen Handeln ergeben. Auf der einen Seite sind solche Ereignisse für die betroffenen Unternehmen so einschneidend, dass der gesamte Geschäftsbetrieb und damit die Existenz des Unternehmens von ihnen bedroht sind. Auf der anderen Seite wird der Eintritt eines solchen Ereignisses von den meisten Unternehmen für so unwahrscheinlich gehalten, dass eine Risikovorbereitung nicht notwendig erscheint. Für die genannten Beispiele eines Terroranschlages oder einer Naturkatastrophe mag diese Einschätzung auch zutreffend sein. Mit Ausbruch der Vogelgrippe in Südostasien und den Auswirkungen der Lungenkrankheit SARS im Jahre 2003 trat jedoch eine weitere Bedrohung in den Blickpunkt der Öffentlichkeit – die Gefahr einer weltweiten Infektionskrankheit, einer Pandemie. Wie hoch das Risiko einer Pandemie ist, wurde vom Präsidenten des Robert Koch-Instituts Reinhard Kurth, wie folgt kommentiert: „Die Frage ist dabei nicht, ob eine Pandemie kommt, sondern wann sie kommt".[219] Die Auswirkungen einer Pandemie würden sich nicht nur auf eine Belastung für das Gesundheitswesen begrenzen, sondern auch die

[218] Vgl. Gleißner, Werner / Lienhard, Herbert / Stroeder, Dirk H. (2004), S. 39.

[219] Allianz, Rheinisch-Westfälisches Institut f. Wirtschaftsforschung (2006), S. 7.

Volkswirtschaften wären von den Effekten unmittelbar betroffen. Damit stellt sich auch für Unternehmen die Frage, wie weitreichend die Gefahr einer Pandemie im Rahmen des Risikomanagements aufgegriffen werden muss.

Im Rahmen dieser Arbeit sollen Antworten auf die wichtigsten Fragen im Zusammenhang mit den Risiken einer Pandemie für Unternehmen gegeben werden. Weiterhin sollen die Aspekte der Notwendigkeit einer Risikovorsorge vor den Gefahren einer Pandemie beleuchtet werden. Auf diese Weise soll dazu beigetragen werden, dass sich Unternehmen der Herausforderung einer sachgerechten Pandemieplanung stellen.

Um dieses Ziel zu erreichen, wird im zweiten Kapitel auf die Entstehung von Pandemien und deren Auswirkungen eingegangen. Anhand der Erfahrungen, die mit Pandemiefällen in der Vergangenheit gesammelt wurden, soll eine Risikoeinschätzung für die Zukunft gegeben werden. Am Ende des Kapitels steht eine Beurteilung der augenblicklichen Gefahrensituation.

Das dritte Kapitel arbeitet die volkswirtschaftlichen Auswirkungen einer Pandemie heraus. Dabei werden sowohl die Konsequenzen auf der Nachfrageseite, als auch auf der Angebotsseite beleuchtet. Die kurz-, mittel- und langfristigen Auswirkungen einer Pandemie auf die Volkswirtschaft sind ein weiterer Schwerpunkt dieses Kapitels. Da jede Branche unterschiedlich durch den Ausbruch einer Pandemie betroffen sein wird, soll am Ende des Abschnitts die Wirkung einer Pandemie auf die unterschiedlichen Branchen erläutert werden.

Eine Pandemie wird Betriebe besonders durch den Ausfall von Mitarbeitern treffen. Weiterhin sind Störungen im Versorgungssystem und Änderungen im wirtschaftlichen Umfeld zu erwarten, die Auswirkungen auf das einzelne Unternehmen haben werden. Diese Effekte sollen im vierten Kapitel beleuchtet werden.

Die zuvor beschriebenen Auswirkungen auf das Unternehmen können im Rahmen des Risikomanagements aufgegriffen werden. Im fünften Kapitel soll daher diskutiert werden, was unter den Begriff Risiko und Risikomanagement zu verstehen ist. Auch sollen die Ziele und der Nutzen vom Risikomanagement definiert werden. Am Ende wird auf die Frage eingegangen, warum für das Risiko einer Pandemie eine spezielle Planung notwendig ist.

Das sechste Kapitel gibt Informationen über die Pandemieplanung als Bestandteil des Risikomanagements. Dabei sollen die Aufgaben sowie die Ansätze zur Umsetzung einer Pandemieplanung beleuchtet werden. Da in der Öffentlichkeit der Einsatz von Medikamenten, wie zum Beispiel „Tamiflu“, zur Vorsorge der

Folgen einer weltweiten Infektionskrankheit aktuell diskutiert wird, soll in diesem Kapitel auch auf die Verwendung von Neuraminidase-Hemmern als Bestandteil des Risikomanagements eingegangen werden.

Neben einer Zusammenfassung der Inhalte dieser Arbeit soll als Abschluss ein Fazit gezogen werden, das unter anderem den Stellenwert einer Pandemie für das Risikomanagement eines Unternehmens verdeutlicht. Dabei wird auch die Frage zu beantworten sein, ob Risikomanagement, neben den dafür erforderlichen Anforderungen, auch eine Chance für das Unternehmen darstellt.

2 Pandemien

Der schwarze Tod (Hermann von Lingg)

Erzittre Welt, ich bin die Pest,
ich komm' in alle Lande
und richte mir ein großes Fest,
mein Blick ist Fieber, feuerfest
und schwarz ist mein Gewande.
...
Ich bin der große Völkertod,
ich bin das große Sterben,
Es geht vor mir die Wassernot,
ich bringe mit das teure Brot,
den Krieg tu' ich beerben.
...
Byzanz war eine schöne Stadt,
und blühend lag Venedig;
nun liegt das Volk wie welkes Blatt,
und wer das Laub zu sammeln hat,
wird auch der Mühe ledig.
...[220]

Das hier in Ausschnitten zitierte Gedicht von Hermann von Lingg verdeutlicht die verheerenden Folgen einer Pandemie auf die Menschheit am Beispiel der Pest. Zudem veranschaulicht es den Schrecken, den die Pest beim Menschen hinterlassen hat. Aber auch Ereignisse in neuerer Zeit zeigen, wie groß die Furcht vor einer weltweiten Infektionskrankheit ist. So versetzte im Jahr 2006 die steigende Zahl der mit Grippe infizierten Vögel die Öffentlichkeit in Angst und Schrecken und rückte die Gefahr einer weltweiten Pandemie in den Blickpunkt der Öffentlichkeit.[221]

---

220 Lingg, Hermann v. (1906).

221 Vgl. Muth, Clemens / Zweimüller, Manuela (2007), S. 6.

2.1 Definition des Begriffs „Pandemie"

Der Begriff Pandemie leitet sich aus dem Griechischen pan (= alles) und demos (= Volk) ab. Von einer Pandemie wird gesprochen, wenn eine Erkrankung Ländergrenzen überschreitet und sich weltweit ausbreitet.[222] Verursacher ist dabei ein neuartiges Virus, welches hoch ansteckend ist und sich deshalb schnell in der Bevölkerung verbreitet wird. Aufgrund der Neuartigkeit des Virus besteht in der Bevölkerung eine geringe Immunität.[223] Ein aktuelles Beispiel für eine Pandemie ist die Ausbreitung des HI-Virus, als Verursacher der AIDS-Erkrankung. 1982 wurden die ersten Fälle einer Infektion mit dem HI-Virus in den USA registriert. In der Folgezeit infizierten sich Menschen in der ganzen Welt. Da die Übertragung nicht durch den alltäglichen Umgang mit infizierten Personen erfolgen kann, breitet sich dieses Virus jedoch nur verhältnismäßig langsam aus.[224] Trotz allem haben sich seit Anfang der achtziger Jahre weltweit über 60 Millionen Menschen mit dem HI-Virus infiziert.[225] Ein Virus mit einer höheren Ansteckungsrate könnte eine noch verheerendere Auswirkung haben. Gegenwärtig wird vor allem vor dem Ausbruch einer Grippepandemie gewarnt. So befürchtet David Nabarro, der UN-Koordinator für die Vogelgrippe, dass der Ausbruch einer Grippepandemie mit mehreren Millionen Todesopfern jederzeit eintreten könnte.[226]

2.2 Entstehen von Pandemien

Die WHO geht gegenwärtig davon aus, dass die Gefahr einer Pandemie aufgrund von Influenzaviren am wahrscheinlichsten ist.[227] Aus diesem Grund soll an dieser Stelle das Entstehen einer Pandemie am Beispiel einer Infektion mit einem Grippevirus erläutert werden. Um zu verstehen, wie ein Grippevirus weltumspannend zu einer hohen Zahl von Erkrankten sowie einer hohen Sterblichkeitsrate führen kann, soll im Folgenden ein Überblick über die medizinischen Mechanismen, die zu einer Pandemie führen können, gegeben werden.

---

[222] Vgl. Pickel, Michael (2005), S. 10.

[223] Vgl. Allianz, Rheinisch-Westfälisches Institut f. Wirtschaftsforschung (2006), S. 10.

[224] Vgl. Robert Koch-Institut, Statistisches Bundesamt (Hrsg.) (2006b), S. 10.

[225] Vgl. Allianz, Rheinisch-Westfälisches Institut f. Wirtschaftsforschung (2006), S. 13.

[226] Vgl. Hotz, Manuela / Müller-Gauss, Uwe (2006), S. 70.

[227] Vgl. Weltgesundheitsorganisation WHO (2005), S. 4.

Grippeviren werden in drei Gruppen unterteilt, die man als Typ A, B und C bezeichnet. Dabei kann sich das Virus Typ B nur im Menschen vermehren, Typ C bei Menschen und Schweinen und das Influenzavirus Typ A kann sich neben Menschen und Schweinen auch bei Pferden, Vögeln und anderen im Wasser lebenden Tieren vermehren.[228] Influenzaviren des Typs A sind aufgrund dieser Eigenschaft und ihrer Fähigkeit, immer neue Varianten zu bilden, Ursprung von Pandemien. Wie sich ein Pandemievirus bilden kann, soll das folgende Szenario aufzeigen: Sollte sich ein Mensch gleichzeitig mit einem Vogelgrippevirus und einem Menschengrippevirus infizieren, besteht die Möglichkeit der Entstehung eines neuen Virusstamms. Dieser Virusstamm übernimmt von beiden Virustypen Genanteile. Der so entstandene Virus kann aufgrund der Vogelgrippeanteile ein hohes Gefahrenpotential für den Menschen haben und aufgrund der Genanteile des Menschenvirus gleichzeitig hoch ansteckend sein. Die Entstehung neuer Virusstämme durch Vermischung von Genanteilen, kann besonders durch Schweine erfolgen, weil Schweine sowohl Träger von Menschen-, als auch von Vogelviren sein können.[229]

Abbildung 1 Austausch von Grippeviren

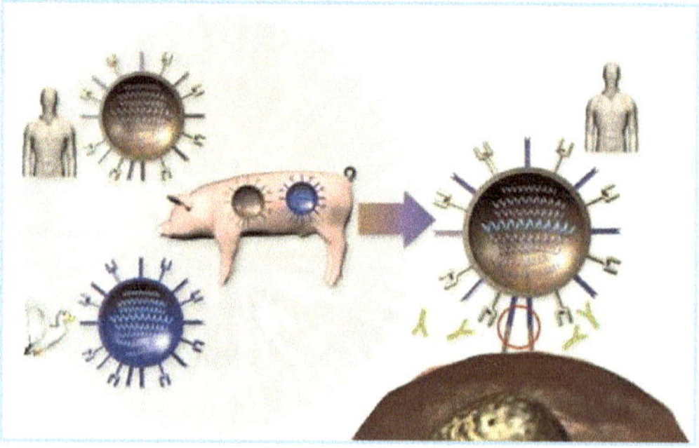

Roche Deutschland, Grenzach-Wyhlen[230]

[228] Vgl. Allwinn, Regina / Doerr, Hans Wilhelm (2005), S. 710.

[229] Vgl. Schmitt, Heinz.-J. (2005).

[230] Roche Deutschland (2008).

Der aus dem Genaustausch des Vogelgrippevirus und einem menschlichen Grippevirus entstandene Krankheitserreger, birgt zurzeit die höchste Gefahr, der mögliche Ausgangspunkt für eine Pandemie zu sein. Nachdem dieses Virus die Fähigkeit zur Übertragung von Mensch zu Mensch erlangt hat, ist mit einer weltweiten Ausbreitung der Krankheit zu rechnen.[231] Auch tragen folgende drei Gründe zur Ausbreitung der Grippeerkrankung bei:

Zwischen einer Infektion mit dem Virus und dem Ausbruch der Erkrankung vergehen bei einer Influenza bis zu vier Tage. In dieser Zeit ist bereits eine Ansteckung möglich, ohne dass der Überträger der Erkrankung selbst weiß, dass er bereits Virusträger ist.

Influenzaviren breiten sich durch die sogenannte „Tröpfcheninfektion" aus. So werden sie aus geringer Distanz beispielsweise beim Sprechen, insbesondere aber durch Niesen, auf die Schleimhäute anderer Menschen übertragen.[232]

Die hohe Mobilität von Menschen ermöglicht eine schnelle weltweite Ausbreitung von Infektionskrankheiten.[233]

Aufgrund der Neuartigkeit des Virus wurde das Immunsystem des Menschen bisher mit diesem Krankheitserreger nicht konfrontiert, so dass keinerlei Abwehrmechanismen entwickelt werden konnten und mit einer hohen Erkrankungsrate gerechnet werden kann. Auch ist aus diesem Grund zu befürchten, dass der Krankheitsverlauf schwerwiegend sein wird und mit einer hohen Mortalitätsrate zu rechnen ist.[234] Ein Schutz durch Impfungen wird absehbar nicht möglich sein, weil die Entwicklung eines Grippeimpfstoffs erst dann erfolgen kann, wenn eine Identifizierung des neuen Influenzavirus erfolgt ist. Dabei ist zu beachten, dass von der Entschlüsselung des Virus bis zur Zulassung eines Impfstoffs ein Zeitraum von bis zu acht Monaten vergehen kann. Insofern muss davon ausgegangen werden, dass im ersten Jahr nach Ausbruch einer Grippepandemie ein nur sehr begrenztes Kontingent an Impfdosen zur Verfügung steht.[235] Durch das Fehlen eines Impfschutzes in der Bevölkerung sind die Möglichkeiten, die Verbreitung des Virus zu verhindern, stark eingeschränkt.

---

[231] Vgl. Allianz, Rheinisch-Westfälisches Institut f. Wirtschaftsforschung (2006), S. 17.

[232] Vgl. Hotz, Manuela / Müller-Gauss, Uwe (2007a), S. 19.

[233] Vgl. Schröder-Bäck, Peter / Sass, Hans-Martin / Brand, Helmut et al. (2008), S. 195.

[234] Vgl. Bundesamt für Bevölkerungsschutz und Katastrophenhilfe, Regierungspräsidium Stuttgart, Landesgesundheitsamt (2007), Anhang 2 H1, S. 4.

[235] Vgl. Fock, Rüdiger (2001), S. 972.

2.3 Auswirkungen bisheriger Pandemiefälle

Pandemien stellen zwar ein seltenes Ereignis dar, traten aber immer wieder in der Geschichte auf. Um die Auswirkungen einer zukünftigen Pandemie abschätzen zu können, ist es lohnenswert, den Verlauf und die Auswirkungen vergangener Pandemiefälle genauer zu betrachten. Der Vergleich bisheriger Pandemien bietet die Gelegenheit, gemeinsame Faktoren abzuleiten, die eine bessere Einschätzung der Folgen einer zukünftigen Pandemie ermöglichen.

Seit dem Jahr 1700 wurden weltweit bis zu 13 Grippepandemien gezählt. Die letzten drei ereigneten sich im vergangenen 20. Jahrhundert: in den Jahren 1917/1918 die „Spanische Grippe", 1957 die „Asiatische Grippe" und im Jahre 1968 die „Hongkong Grippe".[236] Die „Spanische Grippe" ist mit vierzig bis fünfzig Millionen Todesopfern[237] ein Beispiel für eine weltweite Infektionskrankheit mit einem schweren Verlauf. Demgegenüber stehen die „Asiatische Grippe" mit weltweit einer Million Todesopfern und die „Hongkong Grippe" mit circa 700.000 Todesopfern[238], für Pandemien mit einem moderaten Verlauf. Die Auswirkungen von aggressiven Infektionskrankheiten in der heutigen Zeit können anhand der Folgen der Lungenkrankheit SARS aufgezeigt werden. Im Jahr 2003 erkrankten weltweit mehr als 3.000 Menschen an SARS. Hiervon verstarben mehr als 1.000 Menschen.[239] Damit erreichte SARS zwar nicht den Status einer Pandemie, jedoch waren die Konsequenzen dieser Erkrankung weltweit zu spüren und erlauben so Rückschlüsse auf die Effekte einer Krankheitswelle in der heutigen Zeit.

---

[236] Vgl. IBM Global Technology Services (2006), S. 3.

[237] Vgl. Witte, Wilfried, (2006), S. 5.

[238] Vgl. Allianz, Rheinisch-Westfälisches Institut f. Wirtschaftsforschung (2006), S. 12.

[239] Vgl. Haas, Walter H. (2005), S. 1020.

Spanische Grippe

Die „Spanische Grippe“ nahm im Frühjahr 1918 als Grippewelle in Europa und Asien ihren Anfang. Da die Grippe zuerst in San Sebastián, einem spanischen Feriendorf auftrat, bekam sie den Namen „Spanische Grippe“.[240] Auslöser dieser Grippepandemie war ein Vogelgrippevirus, welches direkt auf den Menschen übersprang.[241] Durch reine Mutation des Vogelgrippevirus erlangte dieser Krankheitserreger die Fähigkeit, Menschen zu infizieren. Da diesem neuartigen Virus Genabschnitte eines Menschenvirus fehlten, war es mit Blick auf eine Infektion von Menschen gänzlich unbekannt und erlangte so die Fähigkeit, eine hohe Opferrate hervorzurufen.[242] Bis zum Sommer 1918 ebbte die erste Grippewelle wieder ab. Diese erste Krankheitswelle war vor allem durch eine hohe Krankheitsrate gekennzeichnet, jedoch war die Mortalitätsrate relativ gering.[243] Ende August 1918 verursachte das Virus der Spanischen Grippe allerdings eine zweite Erkrankungswelle. Wobei die Symptome zunächst denen eines grippalen Infektes ähnlich waren. Jedoch wandelte sich die Erkrankung nach wenigen Tagen zu einer schweren Lungenentzündung. So beschrieb ein Militärarzt die „Spanische Grippe“ mit den Worten: „Die Kranken spuckten Blut und starben oft einen grausamen Erstickungstod.“[244] Insgesamt waren bis zu fünfzig Prozent der damaligen Weltbevölkerung mit dem Virus infiziert.[245] Für die Bevölkerung war die Überforderung des Gesundheitssystems besonders bedrohlich. So erkrankten allein in Nürnberg in der Zeit vom 12. bis zum 18. Oktober über 3.000 Menschen an der „Spanischen Grippe“. Mit der Folge überfüllter Krankenhäuser, des Stillstands des öffentlichen Lebens und weitreichender Beunruhigung der in der Bevölkerung.[246]

---

240 Vgl. Jütte, Robert (2006), S. A32.

241 Vgl. Meyer, Rüdiger (2004), S. A609.

242 Vgl. Paukstadt, Waltraud (2005), S. 5.

243 Vgl. Witte, Wilfried (2006), S. 5.

244 Allianz, Rheinisch-Westfälisches Institut f. Wirtschaftsforschung (2006), S. 12.

245 Vgl. Hotz, Manuela / Müller-Gauss, Uwe (2006), S. 70.

246 Vgl. Jütte, Robert (2006), S. A33.

Das Besondere an dieser Krankheit war die 25-mal höhere Mortalitätsrate gegenüber einer gewöhnlichen Grippe.[247] Auffällig war zudem die Verteilung der Grippeopfer innerhalb der Bevölkerung. Normalerweise versterben vor allem Kinder und ältere Menschen. Die Sterblichkeitsrate kann bei einer gewöhnlichen Grippe somit U-förmig abgebildet werden. Bei der „Spanischen Grippe“ bildet die Sterblichkeitskurve jedoch ein W ab, weil zusätzlich eine Spitze bei jungen Erwachsenen zu verzeichnen war.[248] Mit der dritten Welle, deren Symptome weitaus schwächer ausfielen, endete 1920 diese Pandemie.[249]

Zusammenfassend lassen sich folgende Erkenntnisse aus der Grippepandemie von 1918/1920 ableiten. Die „Spanische Grippe" wurde durch ein Virus ausgelöst, das direkt von Vögeln auf den Menschen übergegangen ist. Dieses Virus benötigte nicht den Zwischenschritt über einen anderen Wirt, wie z. B. den Infektionsweg über Schweine, um den Menschen zu infizieren. Die „Spanische Grippe“ trat darüber hinaus in mehreren Wellen auf, was bedeutete, dass die Welt in mehreren Schüben mit der Krankheit konfrontiert wurde. Jeder dieser Schübe hatte unterschiedlich starke Auswirkungen. Mit den Folgen dieser Pandemie war das Gesundheitssystem entsprechend überfordert. Die Hilflosigkeit des Gesundheitswesens führte zu panikartigen Reaktionen in der Bevölkerung. Auch die hohe Morbiditäts- und Mortalitätsrate der „Spanischen Grippe“ demonstriert, wie bedeutend eine Pandemie in ihren Auswirkungen sein kann. Ebenso ungewöhnlich ist die Sterblichkeit bei jungen Erwachsenen, die zeigt, dass eine Pandemie auch außerhalb der üblichen Risikogruppen, wie Kinder und Ältere, grassieren kann.

---

[247] Vgl. Allianz, Rheinisch-Westfälisches Institut f. Wirtschaftsforschung (2006), S. 12.

[248] Vgl. Stracke, Andrea / Heinen, Winfried (2006), S. 6.

[249] Vgl. Allianz, Rheinisch-Westfälisches Institut f. Wirtschaftsforschung (2006), S. 12.

Asiatische Grippe und Hongkong Grippe

Die 1957 ausgebrochene „Asiatische Grippe“ hatte ihren Ursprung in China. Flüchtlinge brachten das Virus nach Hongkong, von wo aus es sich durch Reisende auch auf dem amerikanischen Kontinent und nach Europa gelangte. 1968 folgte die „Hongkong Grippe“ als deren Verursacher eine Mutation des Krankheitserregers der „Asiatischen Grippe“ ausgemacht wurde.[250] Ebenso wie bei der „Spanischen Grippe“ verliefen die „Asiatische„ und die „Hongkong Grippe“ in Wellen, wobei auch in diesen Fällen von Pandemien die zweite Welle die verhängnisvolleren Auswirkungen hatte.[251] An der „Asiatischen Grippe“ verstarben weltweit ca. eine Millionen Menschen, davon 30.000 in der Bundesrepublik Deutschland. Weltweit 700.000 Menschen erlagen der „Hongkong Grippe“. Auch hier verzeichnete die Bundesrepublik circa 30.000 Todesopfer.[252]

Die „Asiatische“ wie auch die „Hongkong Grippe“ verdeutlichen, dass eine Pandemie nicht immer so verhängnisvoll verlaufen muss wie die „Spanische Grippe“. Auch hier zeigt sich, dass Pandemien in mehreren Wellen auftreten und sich die Erkrankung in der ganzen Welt ausbreiten kann. Weiterhin wurde festgestellt, dass die weltweite Übertragung durch die Mobilität der Menschen besonders gefördert wurde.

---

[250] Vgl. Allianz, Rheinisch-Westfälisches Institut f. Wirtschaftsforschung (2006), S. 12.

[251] Vgl. Reiter, Sabine / Haas, Walter (2005), S. 36.

[252] Vgl. Allianz, Rheinisch-Westfälisches Institut f. Wirtschaftsforschung (2006), S. 12.

SARS[253]

Im Jahr 2003 zeigte die Verbreitung des SARS-Virus, dass auch weiterhin die Gefahr einer weltweiten Seuche besteht. Die Betrachtung der Folgen von SARS verdeutlicht die Konsequenzen einer bedrohlichen Infektionskrankheit in der heutigen Zeit. Die Erkrankung SARS wurde erstmals im Februar 2003 in Hanoi beschrieben. Hervorgerufen wird SARS durch eine Unterart von Coronaviren. Coronavieren waren bisher als Überträger von harmlosen Erkältungserkrankungen in der Medizin bekannt.[254] Die Symptome von SARS sind mit denen einer Lungenentzündung vergleichbar und umfassen Fieber, Atembeschwerden, Husten, Hals-, Kopf- und Muskelschmerzen sowie Übelkeit, Erbrechen und Durchfall. Die Zeitspanne zwischen der Ansteckung und dem Ausbruch der Krankheit kann zwischen zwei und zehn Tagen variieren. Auch SARS wird wie Grippeviren durch Tröpfcheninfektion übertragen.[255] Bedrohlich war die hohe Todesrate bei SARS Patienten. So verstarben zehn Prozent aller Patienten und in der Altersklasse ab sechzig Jahren verstarben ca. fünfzig Prozent der Erkrankten an den Folgen von SARS.[256]

Diese Tatsachen veranlassten die WHO am 12. März 2003 einen globalen Alarm auszurufen. Sie empfahl, nicht dringend notwendige Reisen in Gebiete, die von SARS betroffen waren, zu verschieben.[257] Insgesamt erkrankten in der Zeit von November 2002 bis Juli 2003 cirka 8.000 Personen an SARS, von denen 774 Menschen verstarben. Von der Erkrankung waren rund dreißig Länder auf sechs Kontinenten betroffen.[258] Durch die Ausbreitung von SARS wurde bewiesen, dass in einer globalisierten Welt die Verbreitung einer Krankheit in kürzester Zeit möglich ist. Computermodelle, die anhand der Verbreitung von SARS entwickelt wurden, zeigen, dass die Flughäfen London, New York und Frankfurt für die Ausbreitung einer Epidemie hauptverantwortlich sind. Grund ist die hohe globale Vernetzung dieser Flughäfen.[259] Weiterhin konnten folgende Erkenntnisse aus der SARS-Epidemie gewonnen werden. Durch die engen weltweiten wirtschaftlichen Beziehungen verstärkten sich die ökonomischen Folgen dieser Krise. Aufgrund der Einflussnahme der Medien auf die Bevölkerung wurden Ängste bis in das

[253] SARS: schweres akutes respiratorisches Syndrom (deutsche Übersetzung)

[254] Vgl. Rossboth, Dieter / Kraus, Günther / Allerberger, Franz (2006), S. 92.

[255] Vgl. Gaber, Walter / Hofmann, Rainer (2003), S. 3.

[256] Vgl. Marschall, Manfred / Fleckenstein, Bernhard (2007), S. 8.

[257] Vgl. Glasmacher, Susanne / Kurth, Reinhard (2006), S. 12.

[258] Vgl. Glasmacher, Susanne / Kurth, Reinhard (2006), S. 15.

[259] Vgl. Geisel, Theo (2004), S. 3.

Stadium einer Panik gesteigert.[260] Diese Auswirkungen sind besonders zu beachten, weil keine objektiven Gründe für Panikreaktionen vorlagen. Die wirtschaftlichen Folgen der SARS-Krise, die medizinisch betrachtet im Rahmen der normalen Krankheitsereignisse lagen, waren enorm. So betrug der ökonomische Schaden im asiatischen Raum ca. zwanzig Milliarden US-Dollar[261] und weltweit um die sechzig Milliarden US-Dollar.[262] Aber auch positive Aspekte konnten beobachtet werden. Aufgrund der weltweiten Zusammenarbeit war der Aufbau eines internationalen Netzwerkes zur Erforschung und Bekämpfung der Krankheit in kurzer Zeit möglich, wodurch es gelang, das SARS-Virus in kurzer Zeit erfolgreich zurückzudrängen.[263]

2.4 Szenarien einer zukünftigen Pandemie

Um die Folgen einer zukünftigen Pandemie beurteilen zu können, ist es sinnvoll, entsprechende Szenarien zu entwickeln. Dabei ist zu beachten, dass wichtige Fragen für die Vorhersage des Gefahrenpotentials nicht beantwortet werden können. So sind Aussagen über den Ausgangsort der Pandemie, die Geschwindigkeit der Ausbreitung und die Gefährlichkeit des Virus nicht möglich.[264] Trotzdem können Erfahrungen, die im Rahmen von Pandemiefällen in der Vergangenheit gesammelt wurden, Ausgangspunkt einer Prognose für die Zukunft sein.

---

260 Vgl. Bundesamt für Gesundheit, Abteilung Epidemiologie und Infektionskrankheiten (2003), S. 544.

261 Vgl. Allianz, Rheinisch-Westfälisches Institut f. Wirtschaftsforschung (2006), S. 40.

262 Vgl. Hewitt, Jonathan (2006), S. 14.

263 Vgl. Bundesamt für Gesundheit (2003), S. 544.

264 Vgl. Bundesamt f. Bevölkerungsschutz u. Katastrophenhilfe, Regierungspräsidium Stuttgart (2007), Anhang 2, H1, S. 1.

Um abschätzen zu können, mit welchen Auswirkungen bei einer Pandemie zu rechnen ist, sollte man zunächst den schlimmsten möglichen Fall (worst case) betrachten. Dafür können die Eckdaten der „Spanischen Grippe“ zugrunde gelegt werden. Für die Bundesrepublik könnte dies bedeuten, dass ca. 20 bis 25 Millionen Menschen an einer Grippe erkranken würden. Hiervon würden ca. 1,2 Millionen Menschen an einer Lungenentzündung leiden. Aufgrund dessen ist mit ca. 200.000 zusätzlichen Krankenhauseinweisungen zu rechnen, was bei einer durchschnittlichen Aufenthaltsdauer von 8,2 Tagen zu 1,6 Millionen zusätzlichen Krankenhaustagen führen würde. An den Folgen der Influenza würden allein in Deutschland circa 120.000 Menschen sterben. Rechnet man die Todesopfer hinzu, die mit einer Influenza assoziiert würden, stiege die Zahl auf absehbar 175.000 Menschen.[265]

Es ist jedoch zu beachten, dass diese Zahlen wahrscheinlich kein realistisches Bild für die Auswirkungen einer zukünftigen Pandemie darstellen. Im Vergleich zur Situation von 1918 stehen in der heutigen Zeit mehr Medikamente und ein leistungsfähigeres Gesundheitssystem zur Verfügung.[266] Aus diesem Grund wurde für den Nationalen Pandemieplan[267] von moderateren Zahlen ausgegangen. Bei diesen Planungen geht man von einer Erkrankungsrate von 30-35 Prozent der Bevölkerung aus. Dies würde in der Bundesrepublik zu etwa 12 Millionen zusätzlichen Arztbesuchen und 360.000 zusätzlicher Krankenhauseinweisungen führen. An den Folgen würden absehbar 96.000 Menschen versterben. Um eine realistische Risikoplanung vornehmen zu können und die Wirksamkeit von beabsichtigten Maßnahmen überprüfen zu können, ist eine allzu moderate Einschätzung einer zukünftigen Pandemie jedoch nicht empfehlenswert. Darum ist ein Szenario mit einer Erkrankungsrate von 15 Prozent oder weniger nicht hilfreich.[268]

---

[265] Vgl. Fock, Rüdiger (2001), S. 971.

[266] Vgl. Allianz, Rheinisch-Westfälisches Institut f. Wirtschaftsforschung (2006), S. 18.

[267] Nationaler Pandemieplan: Auf Empfehlung der WHO entwickelte das Robert Koch Institut einen Notfallplan für den Fall einer Grippepandemie. Dieser Pandemieplan wurde im Bundesgesetzblatt veröffentlicht und ist Bestandteil der Nationalen Katastrophenvorsorgeplanung.

[268] Vgl. Haas, Walter (2005), S. 1023.

Abbildung 2 Mögliche Auswirkungen einer Grippepandemie in Deutschland

Erkrankungsrate	Konsultationen*	Krankenhauseinweisungen*	Tote*
15%	6.515.186	179.491	48.082
30%	12.030.372	358.982	96.164
50%	21.717.287	598.303	160.2273
ohne Therapie, ohne Prophylaxe, im Zeitraum von acht Wochen			

Robert-Koch-Institut[269]

Die wirtschaftlichen Auswirkungen einer weltweiten Infektionskrankheit wurden im Jahr 2006 vom Lowy Institute betrachtet. So kann bei einer Pandemie nach vorsichtigen Schätzungen weltweit mit einem Verlust von 0,8 Prozent des Bruttoinlandsprodukts gerechnet werden. Dies entspricht einem Schaden von circa 330 Milliarden US-Dollar. Geht man vom schlimmsten Fall aus, steigt der Verlust auf 12,6 Prozent des Bruttoinlandsprodukts bzw. 4,4 Billionen US-Dollar.[270]

---

[269] Reiter, Sabine / Haas, Walter (2005), S. 35.

[270] Vgl. Hewitt, Jonathan (2006), S. 16.

Weitere Auswirkungen einer Pandemie wären Panikreaktionen und Ausfälle der öffentlichen Infrastruktur. Je nach Erkrankungsrate kann die medizinische Versorgung bis zum Zusammenbruch belastet werden. Diese Folgen auf das öffentliche Leben lassen sich in der folgenden Darstellung zusammenfassen:

Abbildung 3
Auswirkungen einer Pandemie auf das öffentliche Leben

	Erkrankungsrate 15%	Erkrankungsrate 30%	Erkrankungsrate 50%
Medizinische Versorgung	belastet	nur Notfälle	zusammen-gebrochen
Öffentliche Infrastruktur	normal	einzelne Ausfälle	Katastrophe
Öffentliche Stimmung	belastet	Krise	Hysterie
Zulieferung/ Nachfrage	normal	einzelne Ausfälle	Ausfall

Institut für Biologische Sicherheitsforschung GmbH, Halle[271]

2.5 Einschätzung der augenblicklichen Gefahrensituation

Die aktuelle Risikoeinschätzung für den Ausbruch einer Pandemie spielt für die Unternehmensbeurteilung, ob die Gefahr einer Pandemie im Rahmen des Risikomanagements aufgegriffen werden sollte, eine entscheidende Rolle.

Durch die WHO wird eine Pandemie in drei Perioden mit sechs unterschiedlichen Phasen eingeteilt. Diese beschreiben den Verlauf einer Pandemie vom ersten Auftreten eines neuen Influenza-Subtyps im Tierreich bis hin zur weltweiten Ausbreitung der Erkrankung beim Menschen. Wird eine neue Phase erreicht, wird dies durch die WHO bekannt gegeben.

[271] Kekulé, Alexander (2008), S. 18.

Abbildung 4 WHO Phaseneinteilung einer Influenzapandemie

Phase 1	Entdeckung eines neuen Virus-Subtyps in Tieren; keine Gefahr für den Menschen	Interpandemische Phase
Phase 2	Entdeckung eines neuen Virus-Subtyps in Tieren; mögliche Gefährdung für den Menschen	
Phase 3	Vereinzelte Infizierung beim Menschen, aber keine bzw. kaum Übertragung von Mensch zu Mensch	Pandemische Warnphase
Phase 4	Begrenzte Infektionshäufung mit vereinzelten Mensch zu Mensch Ansteckungen	
Phase 5	Erhöhung der Infektionen mit örtlich begrenzten Mensch zu Mensch Übertragungen	
Phase 6	Steigende und andauernde Übertragung von Mensch zu Mensch in der gesamten Bevölkerung	Pandemische Phase

Creditreform Rating AG/CCS,

Robert-Koch-Institut[272]

[272] Thiel, Dirk (2007), S. 6.

Der wahrscheinlichste Auslöser einer Pandemie ist nach Ansicht der WHO zurzeit der Vogelgrippevirus H5N1.[273] Die augenblickliche Situation wird von der WHO der Phase 3 zugeordnet.[274] Um eine Pandemie letztendlich auslösen zu können, fehlt dem Virus gegenwärtig noch die Fähigkeit, sich von Mensch zu Mensch auszubreiten. Alle bisher erkrankten Personen hatten einen engen Kontakt zu infiziertem Geflügel. Mit jeder Ansteckung steigt jedoch die Gefahr, dass es durch eine gleichzeitige Infektion von Vogelgrippeviren und menschlichen Influenzaviren zu einem Genaustausch dieser beiden Viren kommt. Der so neu gebildete Krankheitserreger kann unter Umständen die Fähigkeit haben, von Mensch zu Mensch überzugehen.[275] Bisher sind die Zahlen der infizierten Personen äußerst gering. Bis zum Jahr 2006 stiegen die Fälle der infizierten und verstorbenen Personen kontinuierlich an. Im Jahr 2007 war ein leichter Rückgang zu verzeichnen.

Abbildung 5 H5N1-Fälle beim Menschen

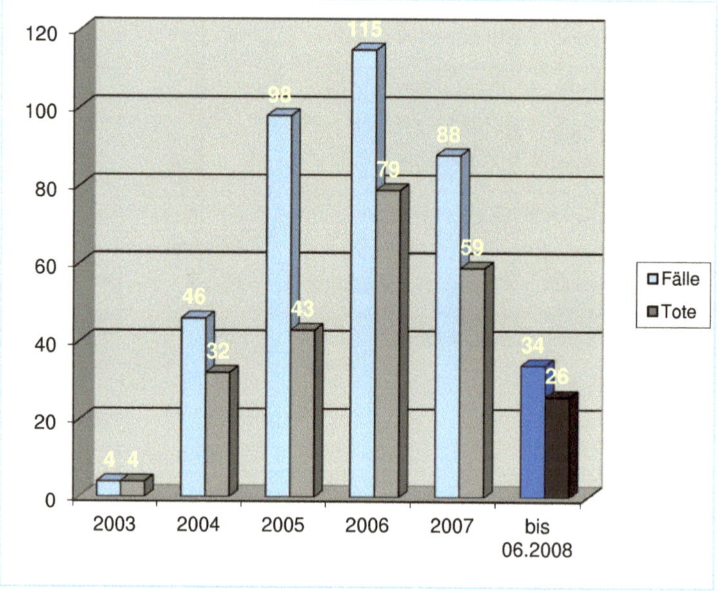

Weltgesundheitsorganisation (WHO)[276]

[273] Vgl. Weltgesundheitsorganisation (2005), S. 5.
[274] Vgl. Bundesamt für Gesundheit (2005), S. 725.
[275] Vgl. Auswärtiges Amt, Gesundheitsdienst (Hrsg.)(2005), S. 3.
[276] Vgl. WHO (2008).

Würde dem Vogelgrippevirus die Anpassung gelingen, sich von Mensch zu Mensch auszubreiten, kann ein für das menschliche Immunsystem vollständig unbekannter Krankheitserreger entstehen, der ein pandemisches Potential besitzt.[277] Aus diesen Gründen gehen sowohl die WHO, als auch das Robert Koch-Institut davon aus, dass zurzeit die Gefahr einer Pandemie so groß ist, wie seit Jahrzehnten nicht mehr.[278]

2.6 Zusammenfassung: Pandemien

In der Geschichte der Menschheit sind immer wieder Erkrankungen aufgetreten, die Ländergrenzen überschritten haben und von denen große Teile der Bevölkerung betroffen waren. Erreicht eine Erkrankung den Status einer weltweiten Ausbreitung, spricht man auch von einer Pandemie. Mit Blick auf die Folgen von Pandemien in der Vergangenheit ist festzustellen, dass Pandemien oft mit einer hohen Anzahl von Erkrankten verbunden sind und eine hohe Sterblichkeitsrate aufweisen. Aufgrund dessen haben Pandemien Einfluss auf das öffentliche Leben und die Weltwirtschaft. Zurzeit wird besonders vor den Gefahren einer Pandemie durch Influenzaviren gewarnt. Als Verursacher könnte das Vogelgrippevirus H5N1 auftreten. Dieses Virus konnte bisher nur Menschen infizieren, die einen engen Kontakt mit Geflügel hatten. Ein effektiver Übergang des Virus von Mensch zu Mensch ist bisher noch nicht aufgetreten. Sollte dies gelingen, könnte H5N1 als Auslöser einer Pandemie in Frage kommen. Aufgrund der hohen Mobilität in unserer Zeit hätte ein Virus die Möglichkeit, sich in kürzester Zeit weltweit auszubreiten. Bei einer anzunehmenden Erkrankungsrate von 30 Prozent in der Bevölkerung würde die Gesellschaft vor immensen Herausforderungen stehen, um die Folgen und Auswirkungen einer solchen weltweiten Krankheitswelle zu bewältigen. Die entscheidende Frage, zu welchem Zeitpunkt die nächste Pandemie ausbricht, muss zunächst jedoch unbeantwortet bleiben.

---

[277] Vgl. Bundesärztekammer, Kassenärztliche Bundesvereinigung (2006), S. 17.

[278] Vgl. Robert Koch-Institut (2007).

3 Volkswirtschaftliche Effekte einer Pandemie

Die verschiedenen Szenarien einer Pandemie wurden bereits herausgearbeitet. Dadurch, dass klare Vorhersagen über das Ausmaß einer zukünftigen Pandemie gegenwärtig nicht möglich sind, können auch nur in sehr beschränktem Maße gesicherte Aussagen über die volkswirtschaftlichen Auswirkungen einer Pandemie gemacht werden. Vor diesem Hintergrund ist auch zu erklären, dass die Erwartungen der verschiedenen Wirtschaftsinstitute erheblich voneinander abweichen. Die Vorhersagen für den Fall des Eintritts einer Pandemie reichen von einem kaum nachweisbaren Produktionsausfall bis hin zu einer schweren Rezession.[279] Aus diesem Grund sollte man den veröffentlichten Zahlen und Vorhersagen über die Auswirkungen einer Pandemie kritisch gegenüber stehen, weil sie das Ergebnis einer Kette unsicherer Annahmen ist.[280] Trotzdem gibt es durchaus Gemeinsamkeiten in den Erwartungen über die volkswirtschaftlichen Auswirkungen einer weltweiten Infektionskrankheit, die im Folgenden diskutiert werden sollen.

3.1 Auswirkungen einer Pandemie auf die Volkswirtschaft

Um eine Einschätzung der volkswirtschaftlichen Folgen einer Pandemie zu erhalten, bietet es sich an, die Konsequenzen auf der Angebot- und Nachfrageseite zu betrachten. Auch hilft eine Beschreibung der kurz-, mittel- und langfristigen Effekte einer Pandemie, um die möglichen volkswirtschaftlichen Schäden einer Pandemie abzubilden. Diese Betrachtung hat den Vorteil, allgemeingültige Aussagen – unabhängig von der Wahl eines Pandemieszenarios – treffen zu können.

---

[279] Vgl. Allianz, Rheinisch-Westfälisches Institut f. Wirtschaftsforschung (2006), S. 8.

[280] Vgl. Allianz, Rheinisch-Westfälisches Institut f. Wirtschaftsforschung (2006), S. 38.

Auswirkungen auf der Nachfrageseite

Der Ausbruch einer Pandemie wird absehbar zu einer Veränderung des Konsumverhaltens führen. Für Verbraucher ist es kaum möglich, die Gefahren einer Pandemie realistisch einzuschätzen. Die Bevölkerung wird dazu neigen, das Krankheitsrisiko höher zu bewerten, als es faktisch ist. Verschärft wird diese Fehleinschätzung durch die Tatsache, dass das reale Gefahrenpotential des Erregers erst im Verlauf der Pandemie feststehen wird.[281] Aufgrund dieser Angst ist zu erwarten, dass Konsumenten ihre Wohnung nur notwendigerweise verlassen werden und die Nachfrage nach Verbrauchsgütern auf das Lebensnotwendige begrenzen werden.[282] Durch den zu erwartenden Nachfrageausfall werden besonders der Einzelhandel, Gaststätten, touristische und Freizeiteinrichtungen sowie der öffentliche Nah- und Fernverkehr betroffen sein.[283] Wie stark diese Auswirkungen sein können, zeigte sich 2003 am Ausbruch der Lungenerkrankung SARS. Dabei überschritt diese Seuche aus medizinischer Sicht nicht den Status von normalen Gesundheitsrisiken, aber dessen ungeachtet brach das Bruttoinlandsprodukt in Ostasien im zweiten Quartal des Jahres 2003 um zwei Prozent ein. Auch kam die Nachfrage in der Reise- und Tourismusbranche schlagartig zum Erliegen.[284] Aufgrund der Behinderungen im Transportwesen stiegen in China die Preise für LKW-Transporte in der Zeit der SARS-Krise um zwei Drittel. Auch litt das Anlageklima in Südostasien, so dass ausländische Investitionen in den von SARS betroffenen Gebieten spürbar zurückgingen.[285]

Eine gegensätzliche Wirkung auf der Nachfrageseite wird sich absehbar in der Reaktion des Staates wiederspiegeln. Aufgrund der steigenden Zahl von Pandemieopfern werden die Gesundheitsausgaben anwachsen. So wird neben den Ausgaben für die medizinische Versorgung auch die Nachfrage nach medizinischen Produkten steigen.[286]

[281] Vgl. Allianz, Rheinisch-Westfälisches Institut f. Wirtschaftsforschung (2006), S. 42.

[282] Vgl. Gauchel-Petrovic, Danica / Flieger, Angelika (2007), S. 27.

[283] Vgl. Bundesamt f. Bevölkerungsschutz u. Katastrophenhilfe, Regierungspräsidium Stuttgart, Landesgesundheitsamt (2007), Anhang 2 H2, S. 3.

[284] Vgl. Peichl, Monika (2006).

[285] Vgl. Döring, Ole (2003), S. 456.

[286] Vgl. Bundesamt f. Bevölkerungsschutz u. Katastrophenhilfe, Regierungspräsidium Stuttgart, Landesgesundheitsamt (2007), Anlage 2 H2, S. 5.

Auswirkungen auf der Angebotsseite

Wir stellen schon heute fest, dass in Unternehmen deutliche Personalengpässe bestehen. So gaben in einer Untersuchung des Instituts für Management- und Wirtschaftsforschung (IMWF) 38 Prozent der befragten Fach- und Führungskräfte an, dass das vorhandene Personal nicht ausreiche, um alle Aufgaben zu erfüllen.[287] Die Folgen dieses Personalmangels reichen von einer Mehrbelastung der Kollegen bis zum Verlust von Aufträgen. Besonders groß sind die Personalengpässe in mittelständischen Betriebe. Fast zwanzig Prozent der Unternehmen mit einer Belegschaft bis zu 1.000 Beschäftigten gaben bei der Befragung des Instituts für Management- und Wirtschaftsforschung (IMWF) an, dass Aufträge storniert werden mussten, weil aufgrund von krankheitsbedingter Ausfälle eine termingerechte Lieferung nicht möglich war.[288] Im Fall einer Pandemie würde sich diese Situation weiter verschärfen, denn neben den krankheitsbedingten Ausfällen würden folgende Gründe die Ausfallquote im Betrieb weiter ansteigen lassen:

- Mitarbeiter, die aufgrund von Beschränkungen im öffentlichen Nahverkehr nicht am Arbeitsplatz erscheinen können,
- Mitarbeiter, die die Pflege von erkrankten Familienmitgliedern übernehmen müssen,
- Mitarbeiter, die aus Angst vor Ansteckung vom Arbeitsplatz fernbleiben.[289]

---

[287] Vgl. IMWF Institut für Management- und Wirtschaftsforschung GmbH (2008), S. 5.

[288] Vgl. IMWF Institut für Management- und Wirtschaftsforschung GmbH (2008), S. 6.

[289] Vgl. F.A.Z-Institut für Management-, Markt- und Medieninformationen GmbH, IMWF Institut für Management- und Wirtschaftsforschung GmbH (2008), S. 3.

Die Folgen – gerade für Wirtschaftsbereiche, die auf hochqualifizierte Arbeitskräfte angewiesen sind - wären eine Beeinträchtigung der Produktion und von Lieferketten, was wiederum eine Verringerung des Angebots zur Folge hätte. Der Ansatz den Ausfall des Personals kurzfristig durch die Einstellung neuer Arbeitskräfte auszugleichen, würde aufgrund des kurzen Zeitrahmens im Pandemiefall und fehlender Möglichkeiten zur Einarbeitung ausscheiden.[290] Ein weiterer Grund für den Rückgang des Angebotes würde sich aufgrund der Beschränkungen im internationalen Transport ergeben. Beim Ausbruch einer Pandemie ist zu erwarten, dass Einschränkungen im Außenhandel greifen würden, um so eine Ausbreitung des Grippevirus einzudämmen. Dies hätte gravierende Auswirkungen für die Import- und Exportwirtschaft.

Die daraus resultierende Rohstoffverknappung würde vor dem Hintergrund des „just in time-Managements" unweigerlich zu weiteren Produktionsausfällen führen (s. auch Abschnitt 4.2).[291]

Kurzfristige Auswirkungen

Die erste spürbare Auswirkung einer Pandemie wird eine steigende Nachfrage nach Leistungen im Gesundheitswesen sein. Aufgrund dieser steigenden Nachfrage würde es zu Engpässen in der Versorgung der Patienten kommen und die Qualität der Behandlung eingeschränkt werden. Da es auch im Gesundheitssystem zwangsläufig zu Personalausfällen kommen wird, ist mit einer laufenden Verschärfung der Situation zu rechnen.[292] Weiterhin wird sich das Konsumverhalten der Bevölkerung kurzfristig verändern. Aufschiebbare Einkäufe, der Besuch von Veranstaltungen oder auch Urlaubsreisen werden vom Verbraucher vermieden werden. Durch staatliche Eingriffe zur Eindämmung der Ausbreitung des Pandemievirus könnte das Transportwesen eingeschränkt, öffentliche Veranstaltungen untersagt und Schulen geschlossen werden. Ein Stillstand des öffentlichen Lebens kann in diesem Fall nicht ausgeschlossen werden.[293]

---

[290] Vgl. Muth, Clemens / Zweimüller, Manuela (2007), S. 9; Allianz, Rheinisch-Westfälisches Institut f. Wirtschafsforschung (2006), S. 43.

[291] Vgl. Bundesamt für Bevölkerungsschutz und Katastrophenhilfe, Regierungspräsidium Stuttgart, Landesgesundheitsamt (2007), Anlage 2 H2, S. 4.

[292] Vgl. Allianz, Rheinisch-Westfälisches Institut f. Wirtschaftsforschung (2006), S. 43.

[293] Vgl. Bundesamt für Bevölkerungsschutz und Katastrophenhilfe, Regierungspräsidium Stuttgart, Landesgesundheitsamt (2007), Anlage 2 H2, S. 3.

Mittelfristige Auswirkungen

Durch einen allgemeinen Rückgang der wirtschaftlichen Aktivitäten im Fall einer Pandemie wird auch das Bruttoinlandsprodukt sinken. Die abnehmende private Nachfrage würde zu einer Verringerung der Investitionstätigkeit führen. Durch die Beschränkungen im internationalen Handel würden exportorientierte Volkswirtschaften, wie die der Bundesrepublik Deutschland, zusätzlichen Belastungen ausgesetzt sein. Weiterhin würden, mit Ausnahme von Gütern des Gesundheitswesens und Lebensmitteln, auch die Preise sinken. Eine deflationäre Entwicklung wäre zu erwarten. Bei den Kapitalmärkten dürfte eine Verschiebung der Nachfrage von Aktien hin zu Renten eintreten, weil Anleger ihre Investitionen absehbar durch festverzinsliche Anlagen absichern werden. In der Folge wären Zinssenkungen zu erwarten.[294]

Langfristige Auswirkungen

Langfristige Folgen einer Pandemie für die Volkswirtschaft wären nur bei Eintritt eines schweren Szenario denkbar. Aufgrund der bestehenden Produktionsreserven können Mortalitätsausfälle, unter der Annahme eines milden Szenario, nach Ende der Pandemie ausgeglichen werden.[295] Als langfristige Folge ist die Gefahr einer steigenden Verschuldung von Staaten zu nennen. Für Regierungen kann die Situation eintreten, dass ein Haushaltsdefizit aufgrund von Einnahmeausfällen, als Folge der wirtschaftlichen Belastung und höheren Ausgaben aufgrund von staatlichen Interventionen nur durch eine erhöhte Kreditaufnahme ausgeglichen werden kann.[296] Positiv kann die langfristige Prognose der Nachfrageentwicklung bewertet werden. So kommentierte Stefan Bielmeier, Analyst bei der Deutschen Bank, die langfristigen Konsequenzen einer Pandemie wie folgt: „Spätestens nach einem halben Jahr wäre eine Pandemie ausgestanden. Diejenigen, die überlebt haben, werden aus Freude darüber umso mehr konsumieren.“[297]

---

[294] Vgl. Muth, Clemens / Zweimüller, Manuela (2007), S. 9.

[295] Vgl. Allianz, Rheinisch-Westfälisches Institut für Wirtschaftsforschung (2006), S. 44.

[296] Vgl. Bundesamt für Bevölkerungsschutz und Katastrophenhilfe, Regierungspräsidium Stuttgart, Landesgesundheitsamt (2007), Anlage 2 H2, S. 5.

[297] Allianz, Rheinisch-Westfälisches Institut f. Wirtschaftsforschung (2006), S. 51.

3.2 Volkswirtschaftliche Bereiche, die von einer Pandemie besonders beeinflusst werden

Die beschriebenen ökonomischen Folgen einer Pandemie zeigen, dass es vermutlich keinen wirtschaftlichen Bereich geben werde, der von den Auswirkungen unbeeinflusst bleibe. Das Schweizer Bankhaus Julius Bär hat sich mit der Frage beschäftigt, welche Wirtschaftssektoren im Fall einer Pandemie besonders betroffen seien. Analog der unterschiedlichen Phasen der WHO (vgl. Kapitel 2.5) wird in diesem Zusammenhang herausgearbeitet, welche Wirtschaftszweige in den verschiedenen Stadien einer Pandemie negativ bzw. positiv beeinflusst werden.[298]

Branchenwirkung in der vorpandemischen Phase

In der vorpandemischen Phase werde der Bevölkerung bewusst, dass die Gefahr des Ausbruchs einer weltweiten Infektionskrankheit real sei. In dieser Zeit nehme die Nachfrage nach antiviralen Medikamenten zu. Auch die Bereitschaft, Gelder für die Entwicklung neuer Impfstoffe zur Verfügung zu stellen, wird steigen. Aus diesem Grund werden in der vorpandemischen Phase pharmazeutische und biotechnologische Unternehmen wirtschaftlich profitieren.[299] Dieser Effekt lässt sich schon jetzt beobachten. Wie bereits erläutert, handelt es sich bei der Vogelgrippe um eine Tierseuche. Trotzdem hat die Gefahr vom Übergang des Virus auf den Menschen und damit das Risiko, dass es zu einem Ausbruch einer Pandemie kommt schon jetzt Auswirkungen auf die Wirtschaft. So gelang es dem Schweizer Pharmakonzern Roche den Absatz des Antigrippemittel „Tamiflu" im Jahr 2005 um 350 Prozent zu steigern. Damit erreichte „Tamiflu" einen Jahresumsatz von mehr als einer Milliarden Dollar.[300] Unter Berücksichtigung dessen, dass beispielsweise die Bundesrepublik Deutschland plant, ein Depot für Neuraminidase-Hemmer – so bezeichnet man Medikamente die die Ausbreitung von Viren im Körper verhindern – für zwanzig Prozent der Bevölkerung anzulegen und dafür 200 Millionen Euro bereitstellt, lässt sich der wirtschaftliche Erfolg für die Pharmaindustrie abschätzen.[301] Auch die positiven Effekte für den Bereich der Biotechnologie sind schon jetzt erkennbar. So wurden von der

---

[298] Vgl. Bankhaus Julius Bär & Co AG (Hrsg.) (2005), S. 11.

[299] Vgl. Bundesamt für Bevölkerungsschutz und Katastrophenhilfe, Regierungspräsidium Stuttgart, Landesgesundheitsamt (2007), Anlage 2 H2, S. 4.

[300] Vgl. Allianz, Rheinisch-Westfälisches Institut f. Wirtschaftsforschung (2006), S. 55.

[301] Vgl. Tröger, Uwe / Bode-Böger, Stefanie (2006), S. 3487.

deutschen Regierung 20 Millionen Euro für die Entwicklung eines humanen Impfstoffs gegen die Vogelgrippe bewilligt.[302]

Branchenwirkung bei Ausbruch der Krankheit

Bei Ausbruch der Erkrankung werde von Seiten des Staates versucht werden, die Übertragungswege des Virus zu unterbrechen. Als notwendige Maßnahme, sei eine Einschränkung des Flug- und Reiseverkehrs denkbar. Aber auch Maßnahmen zur Isolierung erkrankter Personen könnten von staatlicher Seite zur Eindämmung des Virus angeordnet werden. Weiter werde es bei Ausbruch einer Pandemie zu Einschränkungen von öffentlichen und wirtschaftlichen Dienstleistungen kommen.[303] Die Tourismuswirtschaft werde folglich die erste Branche sein, die vom Ausbruch einer Pandemie betroffen wäre. So rechnet das Haushaltsamt des Kongresses der Vereinigten Staaten (Congressional Budget Office – CBO) bei einem „milden" Verlauf der Pandemie mit Umsatzeinbußen von bis zu zwanzig Prozent bei Hotels und Gaststätten. Sollte die Pandemie einen schweren Verlauf nehmen, könnten diese Ausfälle auf bis zu achtzig Prozent ansteigen.[304] Weiterhin seien das Transportwesen, Fluglinien und Flughäfen besonders betroffen. So sei zu erwarten, dass der Flugverkehr zum Erliegen komme. Ebenfalls werde der Schiffs- und LKW-Transport eingeschränkt werden. Die Erwartungen der Einbußen im Transportwesen liegen zwischen 17 und 67 Prozent.[305] Ferner leide der Einzelhandel unter der Konsumzurückhaltung der Verbraucher. So werden die Umsatzeinbußen im deutschen Einzelhandel bei einem milden Szenario auf sechs Milliarden Euro und bei einem schweren Szenario auf bis zu 21 Milliarden Euro geschätzt.[306]

---

[302] Vgl. Richter-Kuhlmann, Eva (2005), S. 2996.

[303] Vgl. Schöder-Bäck, Peter / Sass, Hans-Martin / Brand, Helmut et al. (2008), S. 192.

[304] Vgl. Allianz, Rheinisch-Westfälisches Institut f. Wirtschaftsforschung (2006), S. 59.

[305] Vgl. Allianz, Rheinisch-Westfälisches Institut f. Wirtschaftsforschung (2006), S. 60.

[306] Vgl. Godek, Manfred (2007).

Abbildung 6 Pandemie-Szenarien: Nachfrageausfall

Nachfrageausfall	Mildes Szenario		Schweres Szenario	
	in %	in Mrd. Euro	in %	in Mrd. Euro
Landwirtschaft	3,00	0,64	10,00	2,14
Bergbau	3,00	0,12	10,00	0,39
Bau	3,00	2,53	10,00	8,45
Verarbeitende Gewerbe	3,00	2,53	10,00	43,40
Groß-Einzelhandel	3,00	6,31	10,00	21,04
Transport	17,00	11,61	67,00	45,75
Gesundheitswesen	-4,00	-5,60	-15,00	-21,01
Gastgewerbe	20,00	6,10	80,00	24,38
Kultur	20,00	7,77	80,00	31,10
Sonstige Dienste	1,00	0,53	5,00	2,73
Insgesamt	2,20	43,04	8,10	158,36

Allianz, Rheinisch-Westfälisches Institut für Wirtschaftsforschung[307]

Branchenwirkung bei Ausbreitung der Krankheit

Durch die Ausbreitung der Krankheit werde der Profit der Unternehmen im Gesundheitswesen steigen. Die Auslastung der Krankenhäuser und die Nachfrage nach Medikamenten würden sich erhöhen.[308] Absehbare Folgen seien somit steigende Kosten für die medizinische Versorgung. Die damit verbundene Inanspruchnahme von Versicherungsleistungen belaste die Versicherungswirtschaft in hohem Maße.[309] Manche kleinere Unternehmen

[307] Allianz, Rheinisch-Westfälisches Institut f. Wirtschaftsforschung (2006), S. 58.

[308] Vgl. Allianz, Rheinisch-Westfälisches Institut f. Wirtschaftsforschung (2006), S. 57.

[309] Vgl. Bank Julius Bär & Co AG (Hrsg.) (2005), S. 11.

könnten im Fall einer Pandemie auch profitieren. So könnten sich beispielsweise Chancen für Betriebe ergeben, die zum Beispiel einen Lieferservice von Lebensmitteln anbieten. Aber auch Internethändler könnten in einer solchen Situation profitieren. [310]

Branchenwirkung durch die Auswirkungen einer Krise der Weltwirtschaft im Fall einer Pandemie

Auch wenn nicht mit einem Zusammenbruch der Weltwirtschaft zu rechnen sei, bestehe die Möglichkeit, dass die konjunkturellen Einbrüche aufgrund einer Pandemie zu einer Krise in der Weltwirtschaft führen.[311] Insbesondere werden Länder, die einen niedrigeren Entwicklungsstand haben als die westlichen Industrienationen von den Auswirkungen einer Pandemie betroffen sein. Als Grund kann angeführt werden, dass diese Länder nicht über ausreichende Ressourcen verfügen, um eine angemessene Risikovorsorge zu treffen. Allein in China und Indien wären 2,4 Milliarden Menschen – und damit 33 Prozent der Weltbevölkerung – betroffen. Sollte es in diesen Ländern zu einer Stagnation der Konjunktur kommen, wären die Folgen auch in der restlichen Welt zu spüren. Die weltweiten Auswirkungen können wie folgt begründet werden: Diese Länder verfügen gegenwärtig über das dynamischste Wirtschaftswachstum und zählen damit zu den größten Verbrauchern von Rohstoffen. Eine Abschwächung der Konjunktur in diesen Ländern würde unweigerlich auch zu sinkenden Rohstoffpreisen führen, was wiederum Auswirkungen auf den weltweiten Rohstoffmarkt hätte und zu einer Belastung der internationalen Lieferketten führen würde.[312]

---

[310] Vgl. Bundesamt für Bevölkerungsschutz und Katastrophenhilfe, Regierungspräsidium Stuttgart, Landesgesundheitsamt (Hrsg.) (2007), L2, S. 3.

[311] Vgl. Muth, Clemens / Zweimüller, Manuela (2007), S. 9.

[312] Vgl. Bank Julius Bär & Co AG (Hrsg.) (2005), S. 10-11.

Branchenwirkungen durch panikartige Reaktionen

Sollte es auf dem Höhepunkt der Pandemie zu panikartigen Reaktionen kommen, wäre vor allem das Finanzwesen von den Auswirkungen betroffen. So zögen Anleger ihr Engagement in den am stärksten betroffenen Ländern zurück. Zudem würden sie ihre Anlage in als sicher geltende Währungen oder Goldanlagen umschichten. Hieraus resultieren beispielsweise steigende Goldpreise mit entsprechenden positiven Folgen für die Goldindustrie.[313]

3.3 Zusammenfassung: Volkswirtschaftliche Auswirkungen einer Pandemie

Eine Pandemie hat unmittelbare Auswirkungen auf die betroffene Volkswirtschaft. Dabei wäre vor allem mit Nachfrageausfällen zu rechnen. Wovon besonders der Einzelhandel, der Tourismus, Gaststätten und öffentliche Einrichtungen betroffen sind. Dem gegenüber steht eine erhöhte Nachfrage nach Gesundheitsleistungen. Die Folge sind, mit Ausnahme von Gesundheitsleistungen, sinkende Preise. Aufgrund der Krankheitswelle steigt die Abwesenheitsrate von Mitarbeitern. Dadurch käme es zu einem Nachlassen der Arbeitsleistung kommen. Aufgrund dessen nähme die Angebotsmenge ab. Zur Eindämmung der Verbreitung des Virus käme es zu Einschränkungen im Transportwesen. Daher werden Versorgungsketten unterbrochen. Dies könnte vor dem Hintergrund des „Just-in-time-Managements" zu Produktionsproblemen in der Industrie führen. Außerdem wird der Außenhandel dadurch stark eingeschränkt werden. Alles in allem wäre mit einem Rückgang der wirtschaftlichen Leistung zu rechnen. Dies würde unmittelbar zu negativen Auswirkungen auf das Bruttosozialprodukt führen. Eine weitere Folge einer Pandemie wäre die steigende Inanspruchnahme des Gesundheitswesens. Die Konsequenz wären wachsende Ausgaben für die medizinische Versorgung der Bevölkerung. Dadurch käme es zu steigenden Staatsausgaben und einer zusätzlichen Belastung der Versicherungswirtschaft.

Die Auswirkungen auf die einzelnen Wirtschaftsbereiche sind in der folgenden Abbildung verdeutlicht.

---

[313] Vgl. Bundesamt für Bevölkerungsschutz und Katastrophenhilfe, Regierungspräsidium Stuttgart, Landesgesundheitsamt (2007), Anhang 2 H2, S. 4.

Abbildung 7 Auswirkungen auf Gewerbezweige im Worst-Case-Szenarium

Pandemie Phase (WHO)	Merkmale	Wirtschaftliche Auswirkungen	Gewerbezweige	Effekte
4	Vor-pandemische Phase	Starke Nachfrage nach antiviralen Medikamenten und Grippeimpfstoffen,	Pharmazeutik	positiv
		Entwicklung neuer Impfstoffe	Biotechnologie	positiv
5/6	Ausbruch der Krankheit	Einschränkung des freien Personenverkehrs,	Fluglinien, Flughäfen, Transport	negativ
			Tourismus, Gastgewerbe,	negativ
		Unterbrechung der Nahrungsversorgung	Konsumgüter, Nahrungsmittel	negativ
6	Ausbruch der Krankheit	Erhöhte Auslastung der Krankenhäuser,	Gesundheitswesen	positiv
		starke Nachfrage nach Medikamenten,	Pharmazeutik	positiv
		Kosten für medizinische und Versicherungsleistungen steigen	Versicherungen	negativ

6	Weltwirtschaft ist betroffen	Einbruch asiatischer Volkswirtschaften,	Zyklische Sektoren	negativ
		sinkende Rohstoff- und Ölpreise,	Ölverarbeitende Industrie	negativ
		weiter hohe Nachfrage nach Gesundheitsleistungen	Pharmazeutik, Gesundheitswesen	positiv
6	Panik	Steigender Goldpreis,	Goldindustrie	positiv
		Aufwertung als sicher geltender Währungen,	Finanzwesen	positiv
		Kapitalabfluss aus dem am stärksten betroffenen Ländern,	Finanzwesen	negativ
		Kurzfristige Zinssätze fallen als Reaktion auf Interventionen der Zentralbanken,	Finanzwesen	negativ
		langfristige Zinssätze steigen	Finanzwesen	positiv

Group Investment Research Julius Bär[314]

[314] Bundesamt für Bevölkerungsschutz und Katastrophenhilfe, Regierungspräsidium Stuttgart, Landesgesundheitsamt (2007), Anlage 2 H2, S. 4.

4 Auswirkungen einer Pandemie auf das einzelne Unternehmen

Die Konsequenzen einer Pandemie für die betroffene Volkswirtschaft wurden bereits beleuchtet. Darüber hinaus stellt sich jedoch die Frage, welche Auswirkungen eine Pandemie auf das einzelne Unternehmen haben wird? Das F.A.Z. Institut für Management-, Markt- und Medieninformationen und das IMWF (Institut für Management- und Wirtschaftsforschung) haben Unternehmen aus den Bereichen der Industrie, des Handels und den Dienstleistungen nach ihren Erwartungen zu den Auswirkungen einer Pandemie befragt. Von den befragten Unternehmen rechnen 82 Prozent mit hohen bis existenzbedrohenden wirtschaftlichen Auswirkungen wie die folgende Abbildung verdeutlicht.

Abbildung 8 Einschätzung des betriebswirtschaftlichen Schadens einer Pandemie für das eigene Unternehmen

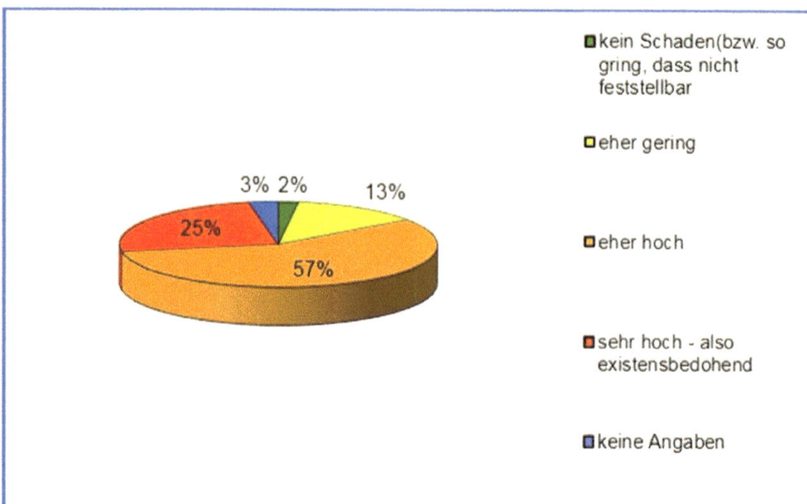

IMWF Institut für Management- und Wirtschaftsforschung, F.A.Z-Institut[315]

Die größten Befürchtungen der deutschen Unternehmen werden in dem zu erwartenden Krankenstand gesehen. Aufgrund krankheitsbedingter Fehltage rechnen 88 Prozent der Unternehmen damit, dass die Abwicklung von Aufträgen im Fall einer Pandemie gefährdet ist. Eine weitere Belastung kann sich aufgrund von Lieferschwierigkeiten von Lieferanten ergeben. Über zwei Drittel der befragten Unternehmen äußerten die Sorge, dass Produktionsausfälle zu erwarten

[315] Preußer, Jaqueline / Alms, Wilhelm (2008), S. 7.

sind, weil Zulieferer nicht rechtzeitig liefern können. Eine weitere Sorge sind Störungen, die in Beschränkungen des Personenverkehrs begründet sind.[316]

Abbildung 9 Pandemiefolgen im eigenen Unternehmen

(in % der Befragten)

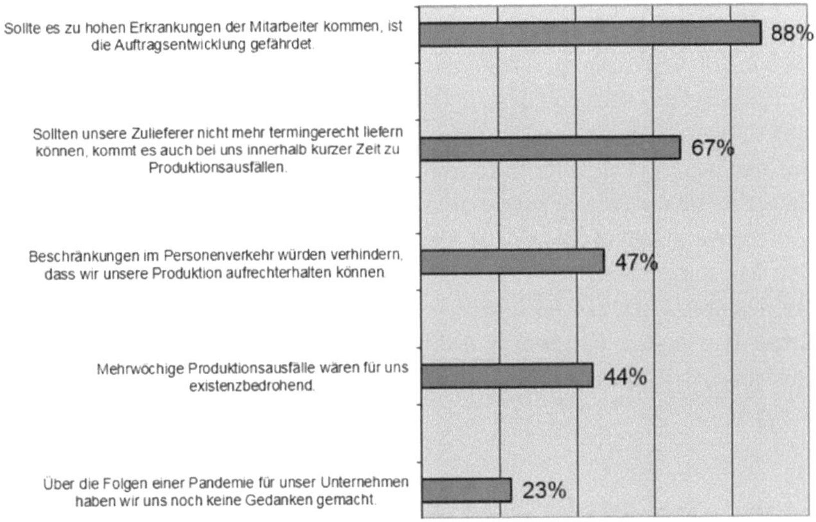

IMWF Institut für Management- und Wirtschaftsforschung, F.A.Z-Institut[317]

Im Folgenden soll deshalb untersucht werden, ob diese Befürchtungen berechtigt sind. Dabei sollen die Effekte beleuchtet werden, die aufgrund der Erkrankungen von Mitarbeitern und deren Familienangehörigen zu erwarten sind und wie sich Störungen in den Versorgungssystemen auf die Unternehmen auswirken können. Weiterhin soll die Wechselwirkung zwischen den Unternehmen und den Veränderungen im wirtschaftlichen Umfeld als Folge einer Pandemie betrachtet werden.

---

[316] Vgl. Preußer, Jaqueline / Alms, Wilhelm (2008), S. 7.

[317] Preußer, Jaqueline / Alms, Wilhelm (2008), S. 7.

4.1 Auswirkungen aufgrund der Erkrankung von Mitarbeitern und deren Familienangehörigen

Allein durch die alljährlich auftretenden Grippewellen steigen die Ausfalltage in deutschen Betrieben erheblich an. So verursachte die Grippesaison 2006/2007 in Deutschland 960.000 zusätzliche Arbeitsunfähigkeitstage. Dabei bewegte sich die Zahl der infizierten Personen im üblichen Rahmen.[318] Diese Zahlen können auf bis zu 2,4 Millionen zusätzlicher Arbeitsunfähigkeitstage steigen, wie das Beispiel in der Grippesaison 2004/2005 verdeutlicht.[319] Eine Grippewelle normalen Ausmaßes entspricht einer Erkrankungsrate von ca. zehn Prozent der Bevölkerung. Im Fall einer Pandemie besteht die Möglichkeit, dass diese Quote auf bis zu dreißig Prozent anwächst. Aber nicht allein aufgrund einer Erkrankung wird die Anzahl von Fehltagen zunehmen. Mit weiteren Ausfällen ist zu rechnen, weil Mitarbeiter nicht zur Arbeit erscheinen, um die Pflege von Angehörigen übernehmen zu können. Auch werden Beschäftigte aus Angst vor Ansteckung der Arbeit fernbleiben. Folglich wird die Zahl der Personalausfälle im Fall einer Pandemie noch über der reinen Erkrankungsquote liegen.[320]

---

[318] Vgl. Arbeitsgemeinschaft Influenza (Hrsg.) (2007), S. 16 und 19.

[319] Vgl. Arbeitsgemeinschaft Influenza (Hrsg.) (2005), S.14.

[320] Vgl. Bundesamt für Bevölkerungsschutz und Katastrophenhilfe, Regierungspräsidium Stuttgart, Landesgesundheitsamt (2007), Leitfaden 3, S. 1-3.

Abbildung 10 Schematischer Verlauf einer Pandemiewelle mit Auswirkungen auf den Personalausfall

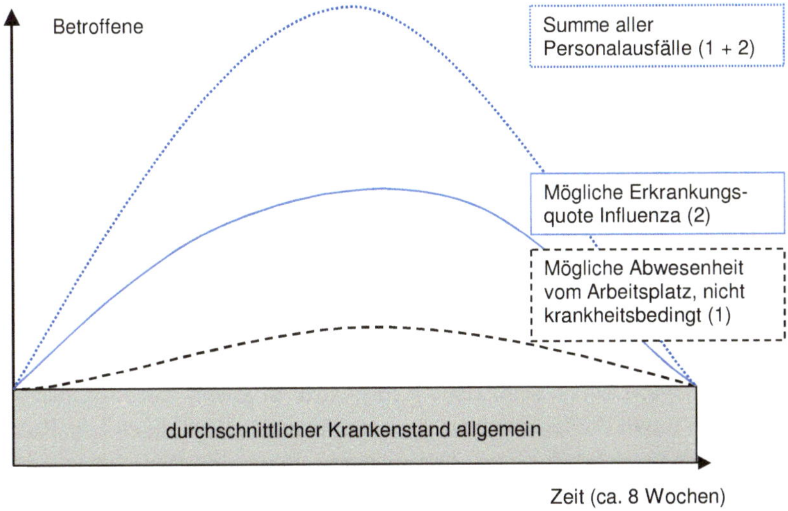

Bundesamt für Bevölkerungsschutz und Katastrophenhilfe, Regierungspräsidium Stuttgart, Landesgesundheitsamt[321]

Infolgedessen müssen Betriebe die Folgen eines erheblichen Personalmangels im Fall einer Pandemie bewältigen. Da jeder Mitarbeiter potentiell von einer Ansteckung bedroht sei, sei es nicht vorhersehbar, welche Mitarbeiter ausfielen und welche Betriebsbereiche besonders betroffen seien.[322] Dies könne zu erheblichen Störungen von Unternehmensprozessen führen, da ausgefallene Mitarbeiter aufgrund der allgemein geringen Personalreserven nicht vertreten werden könnten. Folgende Beispiele sollen die Auswirkungen eines Personalengpasses im betroffenen Unternehmen exemplarisch verdeutlichen.

Der Ausfall des Pförtners führt bereits wegen einer fehlenden Zugangskontrolle zu Verzögerungen des Arbeitsbeginns im Unternehmen. Weiterhin wäre der Empfang von Besuchern und Lieferanten nicht möglich und Kontrollen von Fahrzeugen und Personen entfielen. Dies hätte zur Folge, dass eine mangelhafte Überprüfung des Waren- und Güterverkehrs stattfände und für die Ein- sowie Ausgänge im Unternehmen nur eine ungenügende Dokumentation erfolgen würde. All dies würde zu einer Behinderung des innerbetrieblichen Arbeitsablaufs

[321] Bundesamt für Bevölkerungsschutz und Katastrophenhilfe, Regierungspräsidium Stuttgart, Landesgesundheitsamt (2007), Leitfaden 3, S. 1.

[322] Vgl. Hotz, Manuela / Müller-Gauss, Uwe (2007a), S. 20.

führen. Ein weiteres Beispiel für Störungen, die im Zusammenhang mit Personalausfällen im Pandemiefall auftreten können, wäre der Verlust von Produktionsfachkräften. Durch diesen Ausfall könnten Störungen im technischen Ablauf nicht adäquat behoben werden. Dies könnte zu Unterbrechungen bzw. zum Produktionsstillstand führen. Dadurch wäre die Einhaltung von Lieferterminen nicht gesichert und Kundenaufträge gingen verloren. Dies würde im Unternehmen zu einem Absatz- und Umsatzrückgang führen. Als drittes Beispiel soll die Abwesenheit von Vertriebsmitarbeitern genannt werden. Die Folge wäre eine unzureichende Betreuung von Kunden. Auch die Gewinnung von Neukunden entfiele im Fall eines Ausfalls des Vertriebes. Diese Störung der Aktivitäten im Vertrieb würde zu einem Rückgang der Auftragslage führen. Somit könnten Absatzpläne nicht eingehalten werden und das Unternehmen müsste Umsatzeinbußen verkraften.[323]

Diese Beispiele ließen sich beliebig fortsetzen. In jedem Fall lässt sich jedoch bereits an dieser Stelle festhalten, dass der Personalausfall durch eine Pandemie zu Liquiditätseinbrüchen im Unternehmen führt und Einschränkungen im Betriebsablauf mit sich bringt.

4.2 Auswirkungen aufgrund von Störungen im Versorgungssystem

In der modernen Wirtschaft findet ein Prozess der Vernetzung der Wirtschaft und somit der Unternehmen statt. Diese Verknüpfung führt zu einer erhöhten Abhängigkeit zwischen den einzelnen Unternehmen, was besonders mit Blick auf die in der Industrie verbreitete „Just in time-Produktion“ deutlich wird. Dabei werden Rohstoffe, Bauteile oder ähnliches erst zu dem Zeitpunkt von Zulieferern angeliefert, an dem sie in der Produktion benötigt werden.[324] Vor allem die Autoindustrie setzt auf dieses Produktionssystem. Sollten Lieferanten aufgrund von Einschränkungen im Transportwesen oder wegen Personalausfällen nicht in der Lage sein, Liefertermine einzuhalten, hätte dies Auswirkungen auf die Produktion der Industrie. Wie sich solche Lieferengpässe auswirken können, zeigte sich anhand der Streikmaßnahmen der Gewerkschaft Deutscher Lokführer im zweiten Halbjahr 2007. Der volkswirtschaftliche Schaden wurde in dieser Zeit vom Deutschen Institut für Wirtschaftsforschung mit rund 45 Millionen Euro angegeben. Dies liege darin begründet, dass die Industrie ohne eine

[323] Vgl. Thiel, Dirk (2007), S. 9-11.

[324] Vgl. Wirtschaftslexikon24.net (2008).

kontinuierliche Belieferung mit Waren nach ein bis zwei Tagen die Produktion einstellen muss.[325]

Auch Einschränkungen in der öffentlichen Infrastruktur und Grundversorgung können die Folgen einer Pandemie im Unternehmen verstärken. Aufgrund von Personalausfällen in öffentlichen Einrichtungen müssen Unternehmen mit Einschränkungen im Bereich des öffentlichen Verkehrswesens, der Strom- und Wasserversorgung sowie mit Ausfällen im Telekommunikationswesen rechnen. Bei Ausfällen im öffentlichen Nahverkehr haben gesunde Mitarbeiter das Problem ihren Arbeitsplatz zu erreichen. Bei Schließungen von Kindergärten und Schulen stehen Mitarbeiter vor der Entscheidung, entweder ihrer Arbeit nachzugehen oder aber die Versorgung eigener Kinder zu übernehmen. Aber auch ein Ausfall von Telekommunikationseinrichtungen kann in Unternehmen, die von einer reibungslos funktionierenden EDV abhängig sind (z. B. Banken und Versicherungen), zu erheblichen Störungen im Betriebsablauf führen.[326]

4.3 Auswirkungen aufgrund der Veränderung im wirtschaftlichen Umfeld

Die volkswirtschaftlichen Auswirkungen einer Pandemie wurden bereits beleuchtet (vgl. Kapitel 3.1.). Diese Veränderungen im wirtschaftlichen Umfeld eines Unternehmens werden je nach Branche unterschiedliche Effekte auf die einzelnen Betriebe haben.

Festzuhalten ist, dass sich insbesondere Unternehmen im Bereich des Tourismus und der Gastronomie mit einer stark nachlassenden Nachfrage konfrontiert sehen werden. Bei Betrieben der Telekommunikation oder des Online-Handels hingegen wird die Nachfrage absehbar steigen. Diese Nachfragesteigerung müsse jedoch mit einem reduzierten Personalbestand bewältigt werden.[327] Besonderen Herausforderungen werden auch Unternehmen des Gesundheitswesens ausgesetzt sein, da auch hier eine hohe Sondernachfrage unter den beschriebenen Bedingungen einer Pandemie befriedigt werden muss.

Ein weiterer Aspekt für Unternehmen ist die Änderung der wirtschaftlichen Situation von Geschäftspartnern, denn Betriebe müssen im Fall des Eintritts einer Pandemie mit Zahlungsausfällen rechnen. Der wirtschaftliche Abschwung im Pandemiefall führt zu Einnahmeausfällen in vielen Unternehmen mit der Folge

---

[325] Vgl. Hämmerle, Matthias (2007).

[326] Vgl. Kekulé, Alexander (2008), S. 20.

[327] Vgl. Hotz, Manuela / Müller-Gauss, Uwe (2006), S. 71.

einer Verschlechterung der Liquidität. Somit werden manche Kunden nicht in der Lage sein, ihren Zahlungsverpflichtungen nachzukommen, was wiederum die eigene Finanzkraft schwächen kann.[328]

4.4 Zusammenfassung der Auswirkungen einer Pandemie auf einzelne Unternehmen

Der Eintritt einer Pandemie wird einzelne Unternehmen vor besondere Herausforderungen stellen. Nachfrageausfälle in der Gastronomie, bei den Konsumgütern und in der Tourismusbranche entziehen Unternehmen in diesen Bereichen die wirtschaftliche Grundlage. Aufgrund von Personalausfällen können Unternehmensabläufe gestört werden und eine pünktliche Auftragsabwicklung wird unmöglich sein. Dies stellt besonders Unternehmen, wie zum Beispiel in der Gesundheitsbranche, vor die Herausforderung, mit reduziertem Personal eine erhöhte Nachfrage befriedigen zu müssen. Aber auch der Wegfall von öffentlichen Dienstleistungen wir z. B. des öffentlichen Personennahverkehrs oder durch die Schließung von Schulen und Kindergärten wird die personelle Situation in den Betrieben verschärfen, weil Mitarbeiter keine Möglichkeit mehr haben, zum Arbeitsplatz zu gelangen, bzw. die Beaufsichtigung ihrer Kinder übernehmen müssen. Sollten aufgrund einer Pandemie ganze Infrastrukturen wie z. B. die Energieversorgung oder Telekommunikation gestört sein, ist mit weiteren Störungen des Betriebsablaufs zu rechnen, die bis zum Stillstand des Betriebes führen können. Von den Auswirkungen einer Pandemie werden auch Geschäftspartner nicht ausgeschlossen sein, was aufgrund der Abhängigkeiten zwischen den Unternehmen zu weiteren Problemen führen kann. So sind Lieferausfälle von Rohstoffen und Bauteilen zu erwarten, die in kürzester Zeit zum Erliegen der Produktion führen. Dies wird Umsatzeinbußen in den betroffenen Unternehmen zur Folge haben und die Kapitalausstattung der Unternehmen schwächen. Entsprechend ist damit zu rechnen, dass Geschäftspartner ihre Zahlungsverpflichtungen nicht einhalten.

---

[328] Vgl. Münchner Rückversicherungsgesellschaft (Hrsg.) (2008), S. 154.

5 Pandemie – eine Herausforderung für das Risikomanagement?

Unternehmen sind einer Vielzahl von Gefahren ausgesetzt. So sind Betriebe aufgrund der Kaufzurückhaltung der Bevölkerung dem Risiko von Absatzschwierigkeiten ausgesetzt. Die Konzentration im Handel birgt für Lieferanten das Risiko der Abhängigkeit von einem Kunden, aber auch steigende Rohstoffpreise beinhalten die Gefahr, die dadurch steigenden Produktionskosten auf dem Markt nicht kompensieren zu können.[329] Für Unternehmen ist somit überlebenswichtig, Risiken richtig einschätzen zu können und entsprechende Gegenstrategien zu entwickeln. Dabei sei es notwendig festzustellen, welche Risiken akzeptiert werden können und welche nicht akzeptabel sind.[330] Dabei stellt sich jedoch die Frage, wie ein Unternehmen reagieren soll, wenn der Eintritt des Schadensereignisses ungewiss ist und die Schadenshöhe nicht vorausgesagt werden kann. Ein solches Risiko stellt eine Pandemie dar. Die Herausforderung für das Unternehmen besteht also darin, das Gefahrenpotential einer Pandemie richtig einzuschätzen und zu klären, ob und welche Maßnahmen notwendig sind, um eine Gefährdung des Betriebes zu minimieren.

5.1 Definition des Begriffs „Risiko“

Umgangssprachlich verwendet man den Begriff „Risiko“, wenn von einer Gefahr oder einem Wagnis die Rede ist. Für die Darstellung der Reaktion von Unternehmen auf die Gefahr einer Pandemie ist diese Definition des Risikobegriffs jedoch nicht ausreichend. Da es keine allgemeingültige Definition des Risikobegriffs gibt, soll durch die Betrachtung verschiedener Aspekte eine Grundlage für die weitere Diskussion geschaffen werden.

Das Institut der Wirtschaftsprüfer Deutschland versteht unter einem Risiko die „negative Abweichung von einem Planwert“.[331] Diese Sichtweise umfasst lediglich die Gefahrenquellen, Störungen und Schadensursachen, die sich negativ auf das Unternehmensziel auswirken.[332] In dieser Überlegung wird die Möglichkeit, dass ein Unternehmensziel auch übertroffen werden kann, nicht berücksichtigt. Soll der Begriff „Risiko“ alle Abweichungen von Unternehmenszielen einschließen, sind neben den negativen Abweichungen

[329] Vgl. Gleißner, Werner / Lienhard, Herbert / Stroeder, Dirk H. (2004), S. 68.

[330] Vgl. Hölscher, Reinhold (2002), S. 5.

[331] Gleißner, Werner / Lienhard, Herbert / Stroeder, Dirk H. (2004), S. 12.

[332] Vgl. Romeike, Frank (2005), S. 18.

(Gefahren) auch die positiven Abweichungen (Chancen) in die Definition mit einzubeziehen.[333] Berücksichtigung von Gefahren und Chancen ist auch praxisgerecht, weil bei unternehmerischen Entscheidungen immer eine Abwägung zwischen Risiken und Chancen im Vordergrund steht. Dahinter steht die Erkenntnis, dass jedes Handeln sowohl die Möglichkeit eines Verlustes als auch die Aussicht auf Gewinn mit sich bringen kann. Die Gefahren einer Pandemie finden in dieser Betrachtung des unternehmerischen Wirkens noch keinen Platz. Um diese Risiken einzubeziehen, muss eine Erweiterung des Risikobegriffs um Schadensereignisse erfolgen. Neben der Gefahr einer Pandemie können dies auch Naturereignisse, wie beispielsweise Überflutungen oder Erdbeben sein.[334] Zusammenfassend lässt sich der Begriff „Risiko" wie folgt systematisieren:

Die Folgen einer Pandemie können dafür verantwortlich sein, dass Unternehmensziele nicht erreicht werden. Somit kann eine Pandemie als Unternehmensrisiko bezeichnet werden. Eine Pandemie kann aber auch als Chance betrachtet werden. So werden zum Beispiel Unternehmen der Gesundheitsbranche durch eine Pandemie die Möglichkeit erhalten, ihre Unternehmensziele zu übertreffen. Aber nicht nur die Identifikation eines Risikos ist für ein Unternehmen bedeutend, sondern ebenso die Beurteilung, ob es Einfluss auf die Unternehmensziele hat. Dazu ist es notwendig, eine Bewertung vorzunehmen, die zur Abgrenzung akzeptabler Risiken und denjenigen, die nicht toleriert werden können. Dazu werden Risiken nach ihrer Eintrittswahrscheinlichkeit und ihrer Tragweite geprüft. Diese beiden Dimensionen werden in einer Matrix abgebildet. Auf dieser Matrix wird eine Grenze gezogen, ab welchem Bereich ein Risiko als nicht mehr akzeptabel erscheint. Vor diesem Hintergrund kann eine Beurteilung erfolgen, ob Maßnahmen zur Schadensvermeidung oder -verringerung eingeleitet werden müssen.[335]

---

[333] Vgl. Hölscher, Reinhold (2002), S. 6.

[334] Vgl. Gleißner, Werner / Lienhard, Herbert / Stroeder, Dirk H. (2004), S. 13-14.

[335] Vgl. Hölscher, Reinhold (2002), S. 9-10.

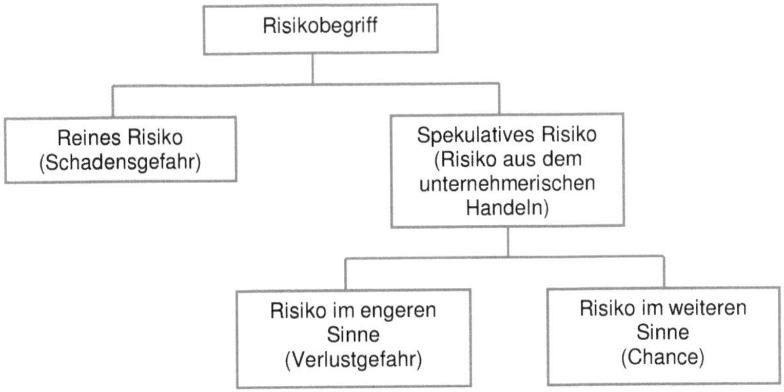

Abbildung 11: Systematik des Risikobegriffs nach Seidel, Uwe M.[336]

Abbildung 12 Risikoanalyse

[336] Gleißner, Werner / Lienhard / Herbert, Stroeder, Dirk H. (2004), S. 14.

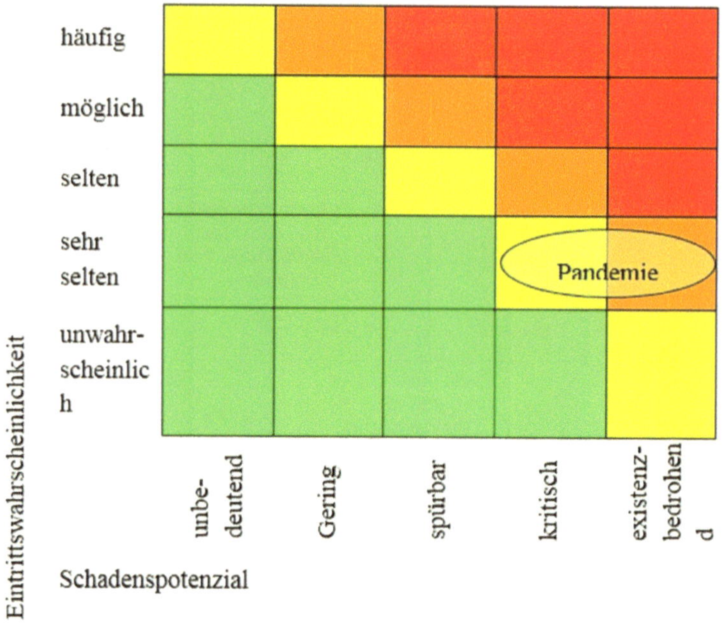

- kleines Risiko, keine Maßnahmen nötig
- mittleres Risiko, Maßnahmen zur Risikominimierung prüfen
- hohes Risiko, Maßnahmen zur Risikominimierung erforderlich
- Risiko nicht akzeptabel, Maßnahmen zur Risikominimierung dringend nötig

Vereinigung für Qualitäts- und Management-Systeme (SQS)[337]

[337] Vereinigung für Qualitäts- und Management-Systeme (SQS)(Hrsg.) (2006), S. 4.

Der Nachteil dieser Methode besteht darin, dass die Eintrittswahrscheinlichkeit und Tragweite eines Risikos eindeutig quantifiziert werden sollten. Dies ist aber oftmals, wie auch mit Blick auf das Risiko einer Pandemie, nicht möglich[338]. Trotzdem hat die Anwendung dieser Methode aufgrund ihrer einfachen und schnellen Anwendbarkeit sowie der Übersichtlichkeit der Darstellung durchaus ihre Berechtigung. Für die weiterführende Betrachtung und genaueren Analyse von Risiken wurden noch andere Methoden entwickelt. Deren Vorstellung würde jedoch den Rahmen dieser Arbeit sprengen.[339] Aber auch anhand der Risikomatrix ist zu erkennen, dass eine Pandemie für ein Unternehmen eine Gefahr darstellt, welches einer genaueren Betrachtung bedarf. Unternehmen sollten also prüfen, ob und welche Maßnahmen zur Minimierung des Risikoportfolios in Angriff zu nehmen sind.

5.2 Definition des Begriffs „Risikomanagement"

Das Erkennen einer Pandemie als Risiko und deren Beurteilung kann man als erste Schritte im Risikomanagementprozess verstehen. Das Risikomanagement entwickelt sich aus dem Schutz vor Einzelrisiken. Als Beispiele lassen sich Maßnahmen der Arbeitssicherheit, die Absicherung durch Versicherungen oder Aspekte der Datensicherung in der Informationstechnologie nennen.[340] Aufgrund der Vielzahl von Gefahren, denen Unternehmen ausgesetzt sind, ist eine Einzelbetrachtung von Risiken nicht ausreichend. Ebenfalls besteht seit 1998 mit der Schaffung des Gesetzes zur Kontrolle und Transparenz im Unternehmensbereich (KonTraG) für Vorstände von börsenorientierten Unternehmen die Pflicht, Überwachungssysteme zu installieren, um Gefahren frühzeitig zu erkennen. Aber auch für Geschäftsführer einer GmbH besteht im Rahmen der Sorgfaltspflicht die Verpflichtung, Maßnahmen zur Risikofrüherkennung sowie -abwehr zu treffen.[341] Diese Aufgabe kann durch die Etablierung eines Risikomanagementsystems übernommen werden, das Chancen und Gefahren systematisch identifiziert und hinsichtlich ihrer Auswirkungen auf das Unternehmen bewertet.[342] Risikomanagement findet dabei als Prozess im

---

[338] Vgl. Hölscher, Rinhold (2002), S. 10.

[339] In der entsprechenden Fachliteratur, wie zum Beispiel in dem Buch „Risikomanagement" von Thomas Wolke, werden diese Methoden vorgestellt.

[340] Vgl. Denk, Robert / Exner-Markelt / Karin, Ruthner, Raoul (2006), S. 10.

[341] Vgl. Romeike, Frank (2002), S. 13.

[342] Vgl. Romeike, Frank (2005), S. 17.

Unternehmen statt und schafft in erster Linie Transparenz über dessen Risikosituation.[343]

Die Hauptbestandteile dieses Prozesses sind die Risikoidentifikation und -bewertung, die Risikosteuerung, das Umsetzungscontrolling sowie die Risikoberichterstattung.[344] Im Folgenden werden diese Bestandteile genauer herausgearbeitet:

Risikoidentifikation

Die Risikoidentifikation dient der Erfassung aller Gefahren gemäß der bereits beschriebenen Definition. Dabei sollen auch die Besonderheiten des Unternehmens berücksichtigt werden. Dies können zum Beispiel die Branchenzugehörigkeit oder regionale Besonderheiten sein. Die so erkannten Risiken sollten anschließend systematisiert werden. Dies kann auf vielfältige Art geschehen und sollte den Gegebenheiten des Unternehmens entsprechen. Es bietet sich zum Beispiel an, Unternehmensrisiken nach leistungswirtschaftlichen, finanzwirtschaftlichen und Managementrisiken zu sortieren.[345] Eine weitere Abgrenzung ist die Unterscheidung nach internen und externen Risiken. Interne Risiken sind beispielsweise Fehler in der Beschaffungspolitik oder fehlerhafte Unternehmenspolitik. Externe Risiken können neben Änderungen der politischen Gegebenheiten auch die Gefahren einer Pandemie sein.[346]

Risikobewertung

Die Risikobewertung sortiert die identifizierten Risiken hinsichtlich der Bedeutung für das Unternehme, wodurch eine gezielte Risikosteuerung mit Blick auf die für das Unternehmen relevanten Risiken vorgenommen werden kann.[347]

---

[343] vg. Gleißner, Werner / Lienhard, Herbert / Stroeder Dirk H. (2004), S. 14.

[344] Vgl. Zech, Jürgen (2002), S. 38.

[345] Vgl. Wolke, Thomas (2007), S. 5-7.

[346] Vgl. Romeike, Frank (2005), S. 21.

[347] Vgl. Zech, Jürgen (2002), S. 40.

Risikosteuerung

Der wichtigste Bereich im Risikomanagementprozess ist die Risikosteuerung. Diese soll die Risikosituation im Unternehmen positiv beeinflussen. Ziel ist, das Verhältnis zwischen Ertrag (Chance) und Verlustgefahr (Risiko) auszugleichen. Die wichtigsten Ansätze zur Risikosteuerung sind die Risikovermeidung, die Risikoverminderung, der Risikotransfer und auch die Akzeptanz von Risiken.[348] Die Strategie der Risikovermeidung hat das Ziel, das Risikoportfolio eines Unternehmens zu begrenzen, beziehungsweise zu senken. Allerdings ist eine Risikovermeidung im Betrieb jedoch kaum zu erreichen, weil unternehmerisches Handeln immer mit Risiken verbunden ist. Somit kommt der Risikoverminderung eine größere Bedeutung zu.[349] Auch den Gefahren einer Pandemie kann sich ein Betrieb nicht entziehen. Hier bleibt nur die Möglichkeit, durch geeignete Maßnahmen die möglichen Auswirkungen zu begrenzen. Eine weitere Strategie zur Senkung von Unternehmensrisiken ist deren Verlagerung auf unternehmensfremde Bereiche. In der Praxis wird dies durch Outsourcing von Unternehmensfunktionen und -bereichen erreicht. Dabei ist zu bedenken, dass bei einer Verlagerung auch die Gewinnchancen des Betriebes aus diesen Bereichen verschoben werden.[350] Eine weitere Möglichkeit des Risikotransfers ist der Abschluss von Versicherungen. So bieten Versicherungsunternehmen zum Beispiel für den Fall einer Pandemie eine sogenannte Betriebsunterbrechungsversicherung an.[351]

Als letztes ist noch die Risikoakzeptanz zu erwähnen. Diese sollte nur dann in Betracht kommen, wenn die Konsequenzen des erwarteten Risikos gering eingestuft werden und somit für das Unternehmen keine existenzbedrohlichen Folgen zu erwarten sind. Eine Akzeptanz des Risikos kann auch erfolgen, wenn durch die Risikosteuerung unverhältnismäßig hohe Kosten entstehen und gleichzeitig keine wesentliche Bedrohung durch das betrachtete Risiko ausgeht.[352] In diesem Zusammenhang ist auch zu erkennen, dass bei der Auswahl Maßnahmen zur Risikosteuerung immer wirtschaftliche Gesichtspunkte beachtet werden sollten.

---

348 Vgl. Romeike, Frank (2005), S. 30.

349 Vgl. Wolke, Thomas (2007), S. 77.

350 Vgl. Wolke, Thomas (2007), S. 81.

351 Vgl. Hewitt, Jonathan (2006), S. 17.

352 Vgl. Zech, Jürgen (2002), S. 41.

Risikocontrolling

Damit der Prozess des Risikomanagements effizient und funktionsfähig durchgeführt werden kann, ist ein Controllingsystem notwendig. Das Risikocontrolling überwacht die Einhaltung von Zeit- und Budgetplänen sowie die Wirksamkeit von Risikosteuerungsmaßnahmen. Weiterhin wird die Risikoverantwortlichkeit überprüft und bei Bedarf die entsprechenden Steuerungsstrategien angepasst.[353]

Risikoberichterstattung

Die Aufklärung der Geschäftsführung mit wesentlichen Informationen zum Risikomanagement wird durch die Risikoberichterstattung wahrgenommen. Inhalt sind potenzielle Bedrohungen und Chancen für das Unternehmen und deren Auswirkungen.[354]

Risikomanagement hat somit einen unmittelbaren Einfluss auf die Orientierung eines Betriebes. Die Entscheidungen und Geschäftspolitik werden dabei an den erkannten Gefahren und Chancen ausgerichtet, um Unternehmensziele zu erreichen. Die Herausforderung für den Betrieb besteht darin, nicht nur klare Risiken aus dem unternehmerischen Handeln aufzugreifen, sondern auch solche Gefahren, die im ersten Moment „schicksalhaft“ erscheinen zu erfassen. Aufgrund des Schadenspotentials ist es nämlich wichtig, sich auch auf solche Risiken vorzubereiten.

---

353 Vgl. Zech, Jürgen (2002), S. 41.

354 Vgl. Zech, Jürgen (2002), S. 41.

5.3 Ziele des Risikomanagements

Beim Prozess des Risikomanagements wird in erster Linie das Ziel verfolgt, durch die rechtzeitige Identifikation von Risiken Handlungsspielräume zu schaffen, die den Erfolg eines Unternehmens sichern.[355] Abgeleitet von der Definition eines Risikos kann man als Ziel des Risikomanagementprozesses auch die Reduzierung von Schwankungen in den Unternehmenszielen verstehen. Dadurch wird die Planbarkeit im Betrieb erhöht und dessen Steuerbarkeit verbessert. Auch das Erreichen der Unternehmensziele kann dadurch gesichert und so die Grundlage für den zukünftigen Erfolg eines Betriebes gelegt werden. All dies soll zur Erhöhung des Unternehmenswertes beitragen.[356]

Auch die Vorbereitungen eines Unternehmens auf die Gefahren einer Pandemie sind in diesem Kontext zu sehen. Neben der Verantwortung für den Schutz der Mitarbeiter dient die betriebliche Pandemieplanung der Aufrechterhaltung des Betriebsablaufs. Ein weiterer Aspekt besteht darin, Vorbereitungen zu treffen, um am Ende einer Pandemiewelle schnellstmöglich zum Normalbetrieb zurückzukehren.[357] Auch das Erkennen von Unternehmenschancen im Krisenfall einer weltweiten Infektionskrankheit ist ein Ziel der betrieblichen Pandemieplanung.

5.4 Kosten und Nutzen der betrieblichen Vorbereitung auf den Pandemiefall

Die Etablierung einer Risikovorsorge im Unternehmen ist auch mit Kosten verbunden. Mit dem Blick auf die Analyse der Risikolage und die Erstellung von Planungsunterlagen fallen in erster Linie Personalkosten für die dafür abgestellten Mitarbeiter an. Auch sind unter Umständen Kosten für eine externe Beratung einzuplanen. Soll im Rahmen der betrieblichen Pandemieplanung auch die Bevorratung mit Arzneimitteln einbezogen werden, sind neben diesen Kosten auch die Aufwendungen für den Betriebsarzt und die Lagerung zu berücksichtigen. Auf der anderen Seite steht der Nutzen, der eine Pandemieplanung für das Unternehmen bedeutet. An erster Stelle soll durch eine Pandemieplanung der Arbeitsausfall im Unternehmen gesenkt werden und Produktivitätsverluste minimiert werden. Dabei ist zu beachten, dass aufgrund der

---

[355] Vgl. Zech, Jürgen (2002), s. 42.

[356] Vgl. Gleißner, Werner / Lienhard, Herbert / Stroeder, Dirk H. (2004), S. 17.

[357] Vgl. F.A.Z-Institut für Management-, Mark- und Medieninformationen GmbH, IMWF Institut für Management- und Wirtschaftsforschung GmbH (Hrsg.) (2008), S. 4.

Arbeitsorganisation im Team der Ausfall eines einzelnen Mitarbeiters Produktivitätsverluste der gesamten Gruppe nach sich ziehen kann. Als Beispiel kann hier der Pilot eines Flugzeugs genannt werden. Fiele dieser aus, wäre die gesamte Besatzung betroffen. Weiterhin bestünde die Gefahr, dass Produktionsausfälle zu Lieferengpässen führten und die Kunden Schadensersatzforderungen stellten.[358] Unumgänglich ist als Bestandteil der Pandemieplanung eine Analyse der Wirtschaftlichkeit der geplanten Maßnahmen durchzuführen. Entsprechende Analysen führten das Rheinisch-Westfälische Institut für Wirtschaftsforschung und die ADMED GmbH für Notfallmaßnahmen des Staates durch. Dabei wurden zunächst die Kosten der folgenden Notfallmaßnahmen ermittelt:

Bereitstellung von Mund-Nase-Schutz für die Bevölkerung
Impfung gegen ein Virus, das die Pandemie auslösen kann
Versorgung der Patienten mit antiviralen Medikamenten
Aufstockung der Kapazitäten von Intensivbetten

Anschließend wurde untersucht, in welchem Umfang die Erkrankungsrate durch diese Maßnahme gesenkt werden müsse, damit ein volkswirtschaftlicher Nutzen entstehe. Bei den Kosten der Impfmaßnahmen wurden auch die positiven Effekte auf das Bruttoinlandsprodukt betrachtet. Als Ergebnis konnte festgestellt werden, dass vor allem die Kosten für die Versorgung mit anitviralen Medikamenten und landesweite Impfungen durch die positiven Effekte auf das Bruttoinlandsprodukt ausgeglichen werden. Hingegen sei ein Ausgleich der Kosten für die Aufstockung der Kapazitäten von Intensivbetten nicht möglich. Bei der Versorgung der Bevölkerung mit Mundschutzmasken könne keine Aussage zur Wirtschaftlichkeit gemacht werden, weil Daten zur Schutzwirkung außerhalb der Betreuung von Kranken nicht vorliegen.[359]

---

[358] Vgl. Neukirch, Benno (2007), S. 6 und 19-21.

[359] Vgl. Allianz, Rheinisch-Westfälisches Institut f. Wirtschaftsforschung (2006), S. 45-46.

5.5 Umsetzung der Pandemieplanung als Bestandteil des Risikomanagements im Unternehmen

Eine Pandemie kann nicht mit einem anderen Schadensereignis, wie z. B. Feuer, Einbruch, Naturkatastrophen oder ähnlichem, verglichen werden. Solche Schadensfälle sind meist lokal begrenzt und beginnen plötzlich. Eine Pandemie ist räumlich und zeitlich jedoch nicht limitiert. Die Problematik in der Identifikation einer Pandemie als Risiko für Unternehmen besteht darin, dass korrekte Aussagen über das Ausmaß einer Pandemie grundsätzlich nicht möglich sind. Auch ist eine Vorhersage über den genauen Zeitpunkt für den Beginn einer Pandemie absehbar nicht zu realisieren. Dies mögen Gründe sein, warum Unternehmen eine Pandemie nur sehr zögerlich in ihre Planungen für das Risikomanagement aufnehmen. So haben von dreißig im Deutschen Aktienindex gelistet Unternehmen nur circa zweidrittel Notfallpläne für den Eintritt einer Pandemie entwickelt.[360] Für den Mittelstand hat eine Notfallplanung für den Fall einer weltweiten Infektionskrankheit noch weniger Bedeutung. Bei einer Befragung des Instituts für Management und Wirtschaftsforschung (IMWF) und des F.A.Z.-Instituts waren von allen Unternehmen, die keinen Pandemieplan aufgestellt hatten, 91 Prozent Unternehmen des Mittelstandes.[361] Anders sieht die Vorsorge in den Unternehmen der Versicherungsbranche aus. Aufgrund der Anforderungen der Bundesanstalt für Finanzdienstleistungsaufsicht (BaFin) für die Mindestanforderungen an das Risikomanagement haben hier die Unternehmen die Gefährdung des Geschäftsbetriebes durch eine ansteckende Krankheit in die Notfallplanung aufgenommen. So wurde beispielsweise durch den Versicherer R + V das bestehende Notfallmanagement um den Punkt „Ausfall von Mitarbeitern“ ergänzt und entsprechende Pläne erarbeitet.[362] Pandemieplanung sollte aber nicht nur Aufgabe in Großunternehmen sein. Selbst ein „Ein-Mann-Unternehmen“ sollte Überlegungen anstellen, welche wirtschaftlichen Auswirkungen ein Arbeitsausfall und der damit verbundene Verlust von Einkünften im Fall einer Pandemie bedeuten würden.

---

[360] Vgl. Godek, Manfred (2008), S. 116.

[361] Vgl. IMWF Institut für Management- und Wirtschaftsforschung GmbH (Hrsg.) (2008), S. 10.

[362] Vgl. Godek, Manfred (2008), S. 117.

5.6 Zusammenfassung: Risikomanagement vor dem Hintergrund einer Pandemie

Für Betriebe ist der Ausbruch einer Pandemie mit einer Vielzahl von Gefahren verbunden. Im Umfeld einer solchen Krise wären Unternehmensziele nicht zu erreichen, weshalb man diese Gefahren als Risiken für das Unternehmen bezeichnen kann. Diesen Gefahren vorzeitig entgegenzuwirken, ist die Aufgabe des Risikomanagementprozesses. In diesem Prozess werden an erster Stelle Risiken erkannt und analysiert. Danach sollen durch geeignete Maßnahmen deren Auswirkungen begrenzt oder vermieden werden. Im Rahmen der Risikosteuerung kann zum Beispiel durch die Verlagerung von Unternehmensaufgaben auf andere Betriebe – das sogenannte Outsourcen – eine Verschiebung der Risiken angestrebt werden. Eine weitere Möglichkeit der Risikosteuerung bietet die Absicherung durch den Abschluss von Versicherungen. Für die Gefahren einer Pandemie bietet sich eine Strategie der Risikobegrenzung an. Durch das Aufstellen eines Pandemieplanes sollte versucht werden, den Geschäftsbetrieb im Fall einer Pandemie unbedingt aufrecht zu halten und so die Auswirkungen zu minimieren. Dabei dürfen wirtschaftliche Aspekte nicht außer Acht gelassen werden. Risikovorsorge kann nur dann erfolgreich sein, wenn der Nutzen einer Pandemieplanung deren Kosten übersteigt. Aktuell wird von Betrieben die Bedeutung einer Pandemie nur zögerlich in die Risikoplanung aufgenommen. Dabei sollten Überlegungen, die dazu dienen, die Funktionsfähigkeit des Unternehmens im Fall einer Pandemie zu erhalten, selbstverständlich sein. Wenn Unternehmen sich dieser Herausforderung stellen, werden sie erkennen, dass die Handlungsfähigkeit im Krisenfall auch einen Wettbewerbsvorteil darstellt.

6 Pandemieplanung als Bestandteil des Risikomanagements

Aufgrund der Empfehlungen der WHO wurde im Jahr 2005 durch den Bund und das Robert-Koch Institut der nationale Influenzapandemieplan für die Bundesrepublik Deutschland vorgestellt. Auf deren Grundlage haben die einzelnen Bundesländer eigene Rahmenpläne entwickelt. Ziel dieser Pandemieplanungen ist, die Erkrankungs- und Sterblichkeitsrate bei Ausbruch einer Pandemie möglichst gering zu halten. Ebenso soll das öffentliche Leben aufrechterhalten bleiben und der wirtschaftliche Schaden minimiert werden.[363] Dabei handelt es sich um gesamtgesellschaftliche Ziele, die nur erreicht werden können, wenn auch Unternehmen und Betriebe entsprechende Vorbereitungen treffen. Eine Reihe von Unternehmen erarbeitet im Rahmen des Risikomanagements bereits Szenarien der verschiedensten Krisensituationen. Aus diesem Grund ist es am zweckmäßigsten, die vorhandenen Strategien um die Folgen einer Grippepandemie zu ergänzen. Die so entstehende Pandemieplanung bettet sich in den Gesamtprozess des Risikomanagements ein.

6.1 Betriebliche Pandemieplanung im Rahmen des Risikomanagements

Je höher eine Gefahr eingestuft wird, desto größer ist die Bereitschaft, sich auf ein Risiko vorzubereiten. Die Versicherungswirtschaft war eine der ersten Branchen, die das Risiko einer Pandemie als solches erkannt und ihre Notfallpläne um solch ein Szenario ergänzt hat.[364] Dabei wurde die Aufrechterhaltung des Geschäftsbetriebes als wichtigste Aufgabe eines Pandemieplanes in das Zentrum der Überlegungen gestellt. Wie bereits ausgeführt, steht bei Ausbruch einer Grippewelle zunächst kein Impfstoff zur Verfügung. Dies liegt darin begründet, dass die Produktion erst beginnen kann, wenn das Pandemievirus bekannt ist (siehe auch Abschnitt 2.2.). Somit ist ein Impfstoff erst dann verfügbar, wenn der Höhepunkt der Krankheitswelle bereits überschritten ist. Die Strategie eines Pandemieplans kann also darin bestehen, dass Maßnahmen ergriffen werden, die den Ausbruch der Pandemie im Unternehmen nach hinten verschieben und die Zahl der Erkrankten gering halten. Dadurch kann Zeit gewonnen werden, bis die Pandemie mittels eines Impfstoffs eingedämmt werden kann.[365]

---

[363] Vgl. Allianz, Rheinisch-Westfälisches Institut f. Wirtschaftsforschung (2006), S. 26-27.

[364] Vgl. Godek, Manfred (2008), S. 117.

[365] Vgl. Hotz, Manuela / Müller-Gauss, Uwe, (2007a), S. 20.

Abbildung 13 Zweck der Pandemieplanung

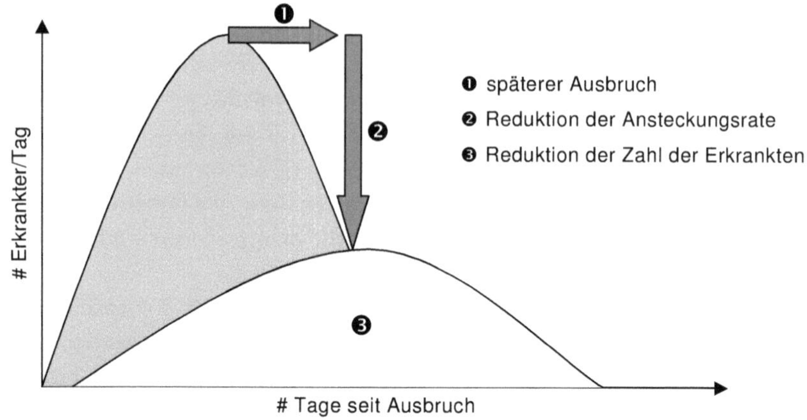

Hotz, Manuels / Müller-Gauss, Uwe[366]

Ein weiteres Ziel der Pandemieplanung ist es, Kernprozesse des Unternehmens zu identifizieren und geeignete Maßnahmen zu entwickeln, um deren Funktionsfähigkeit zu erhalten. Weiterhin tragen diese Planungen dazu bei, dass die Flexibilität des Betriebes steigt. Flexibilität bedeutet in diesem Zusammenhang, dass ein Unternehmen in der Lage ist, sich auf ändernde Rahmenbedingungen einzustellen und diese erfolgreich zu meistern. Diese Flexibilität ist eine der Schlüsselanforderungen für ein Betrieb im Fall einer Pandemie. So muss der Pandemieplan zum Beispiel Maßnahmen enthalten, die den Betrieb in die Lage versetzen, einen erheblichen Personalausfall aufzufangen oder Ausfälle von Lieferanten zu kompensieren.[367] Weiterhin dient eine Pandemieplanung der Steigerung des Vertrauens in das Unternehmen. Für Geschäftspartner, die auf eine zuverlässige Auftragserfüllung angewiesen sind, kann eine vorhandene Pandemieplanung von Bedeutung sein. So erwartet der Kapitalmarkt schon heute ein funktionsfähiges Risikomanagementsystem. Rating-Agenturen haben bereits angekündigt, die Bewertung von Unternehmen von dem Vorhandensein eines Pandemieplans abhängig zu machen.[368] Somit wird dessen Notwendigkeit für Betriebe in der Zukunft noch weiter zunehmen.

---

[366] Hotz, Manuela / Müller-Gauss, Uwe (2007b), S. 52.

[367] Vgl. Graichen, Winfried U. (2007), S. 2.

[368] Vgl. Med Magazin (Hrsg.) (2006).

6.2 Ansätze zur Umsetzung einer betrieblichen Pandemieplanung

Eine Pandemieplanung stellt für ein Unternehmen eine große Herausforderung dar. Dabei kann eine erfolgreiche Planung nur gelingen, wenn sämtliche Einflüsse einer Pandemie auf den Betriebsablauf in die Überlegungen zu einem Pandemieplan einbezogen werden. Aus diesem Grund sollte dieser nicht nur durch die Geschäftsführung, sondern auch durch Vertreter aller Abteilungen erarbeitet werden. Auch kann eine umfassende Pandemieplanung nur gelingen, wenn die Umgebung eines Unternehmens an den Überlegungen beteiligt wird.[369] Im Rahmen der Erstellung eines Pandemieplans sind vorab viele Fragen zu klären, weshalb im Folgenden ein Überblick über die Ansätze zur Einführung eines Pandemieplans gegeben werden soll.

6.2.1 Aufgabe der betrieblichen Pandemieplanung

Die Stilllegung des Betriebes im Fall einer Pandemie würde für das betroffene Unternehmen existenzbedrohend sein, weil dadurch seine wirtschaftliche Grundlage entfallen würde. Dieses Risiko zu minimieren, ist die Aufgabe einer betrieblichen Pandemieplanung. Dabei umfasst diese mehr als nur Maßnahmen zu entwickeln, die zur Schadensbegrenzung oder -minderung beitragen. Eine Pandemieplanung sollte Geschäftsprozesse identifizieren, die für die Ertragskraft des Unternehmens verantwortlich sind. Für diese Prozesse sollten Strategien entwickelt werden, um die Arbeitsfähigkeit dieser Bereiche aufrecht zu erhalten. Ein weiterer Aspekt der Pandemieplanung besteht darin, die Strategien dahingehend auszuweiten, dass der Normalbetrieb nach der Krise so schnell wie möglich wieder hergestellt werden kann.[370] Im Mittelpunkt der Planungen muss aber immer der Schutz der Arbeitnehmer stehen. Diese Verpflichtung aus dem Arbeitsschutzgesetz beinhaltet alle erforderlichen Handlungsschritte, um die Sicherheit und Gesundheit der Beschäftigten zu schützen. Dabei sind – abgestimmt auf die Art, Größe und Struktur des Betriebes – entsprechende Vorsichtsmaßnahmen zum Schutz der Arbeitnehmer im Fall einer Pandemie zu

---

369 Vgl. F.A.Z.-Institut für Management-, Markt- und Medieninformation GmbH, IMWF Institut für Management- und Wirtschaftsforschung GmbH (Hrsg.) (2008), S. 5 u. Preußer, Jacqueline / Alms, Wilhelm (2008), S. 9.

370 Vgl. F.A.Z.-Institut für Management-, Markt- und Medieninformation GmbH, IMWF Institut für Management- und Wirtschaftsforschung GmbH (Hrsg.) (2008), S. 4.

treffen.[371] Eine Pandemieplanung kann jedoch nicht losgelöst vom Umfeld eines Unternehmens erstellt werden. Somit ist auch die Abstimmung mit anderen Unternehmen, insbesondere die Abstimmung mit Lieferanten und Kunden, eine zwingend notwendige Aufgabe der Pandemieplanung. Wünschenswert wäre auch in diesem Zusammenhang die Kommunikation zwischen Unternehmen und Staat zu verbessern. So könnten Fragen des Transportwesens und der Zusammenarbeit für den Fall einer Pandemie bereits im Vorfeld besprochen werden.[372]

6.2.2 Pandemieplanung

Die Pandemieplanung soll ein Unternehmen optimal auf den Eintritt einer weltumspannenden Infektionskrankheit vorbereiten, um durch die Pandemie ausgelöste Krise bestmöglich bewältigen zu können. Ziel ist es, Strukturen zu schaffen, die es ermöglichen, in einer Krisensituation die richtigen Entscheidungen zu treffen sowie die noch vorhandenen Ressourcen im Unternehmen optimal einzusetzen und zu nutzen.[373] Dabei steht am Anfang einer Pandemieplanung die grundsätzliche Entscheidung, ob im Fall einer Pandemie der Geschäftsbetrieb aufrechterhalten bleiben soll. Wird diese Frage bejaht, sind die grundsätzlichen Maßnahmen zu erarbeiten, die dafür erforderlich sind. Auch sind Rahmenbedingungen zu definieren, bei denen die einzelnen Überlegungen der Pandemieplanung in die Praxis umgesetzt werden.[374] Der Pandemieplan selbst sollte auf die wesentlichen Bereiche eingehen, die von einer Pandemie betroffen sein werden.

---

[371] Vgl. Zylka-Mennhron, Vera (2007), S. 3526.

[372] Vgl. Allianz, Rheinisch-Westfälisches Institut f. Wirtschaftsforschung (2006), S. 62.

[373] Vgl. Langer, Martin (2008), S. 12.

[374] Vgl. Bundesamt für Bevölkerungsschutz und Katastrophenhilfe, Regierungspräsidium Stuttgart, Landesgesundheitsamt (2007), Leitfaden L3, S. 3.

Dabei kann eine Orientierung an folgenden Punkten hilfreich sein:

- Szenarien und Phasen der Pandemie
- Entwicklung der Nachfrage
- Personal
- Kritische Unternehmensbereiche
- Operative Umstellungen
- Medizinische Maßnahmen
- Kommunikation
- Zulieferung und Dienstleister
- Öffentliche Infrastruktur und Grundversorgung[375]

Die oben genannten Punkte sollen im Folgenden genauer betrachtet werden:

Szenarien und Phasen einer Pandemie

Eine Pandemieplanung orientiert sich an den zu erwartenden Auswirkungen auf das Unternehmen und entwickelt entsprechende Gegenstrategien. Da eine genaue Vorhersage über das Ausmaß einer solchen Infektionskrankheit nicht möglich ist, können jedoch auch keine konkreten Aussagen über die Auswirkungen gemacht werden. Somit ist es notwendig, die Strategien auf die unterschiedlichen Szenarien (vgl. Abschnitt 2.4) einer Pandemie abzustimmen. Dies ermöglicht differenzierte Vorgehensweisen und angemessene Handlungsempfehlungen zu erarbeiten. Weiterhin sollte eine Orientierung des Pandemieplans analog der Pandemiephaseneinteilung der WHO (vgl. Abschnitt 2.5) erfolgen. Auf diese Weise ist ein Abgleich der eingeleiteten Maßnahmen mit dem Status der Pandemie auf einfache Weise möglich.[376]

---

[375] Kekulé, Alexander (2008), S. 18 ff..

[376] Vgl. Kekulé, Alexander (2008), S. 18 f..

Nachfrage

In den Planungen für eine Pandemie müssen auch die Auswirkungen auf die Nachfrage nach den eigenen Produkten bzw. Dienstleistungen berücksichtigt werden. Ist zum Beispiel mit einer steigenden Nachfrage für ein Produkt oder eine Dienstleistung im Fall einer Pandemie zu rechnen, sollte das Unternehmen dies in seine Überlegungen mit einbeziehen. Dabei sind Fragen zum Vertrieb, der Lagerung und der Produktion trotz des Ausfalls von Arbeitskräften und der Zulieferung von Vorprodukten in den Mittelpunkt der Planungen zu stellen. Bei einer sinkenden Nachfrage sollte sich der Maßnahmenkatalog an einer Kosten-/Nutzen-Überlegung orientieren. Dabei werden die Kosten, die für die Aufrechterhaltung des Betriebes notwendig sind, dem zu erwartenden Nutzen gegenübergestellt.[377]

Personal

Die wichtigste Ressource eines Betriebes ist sein Personal. Eine Pandemie wird diesen Bereich am meisten beeinflussen. Unternehmen stehen dabei vor der Herausforderung, in den Planungen für den Fall einer Pandemie sowohl Maßnahmen zum Schutz des Personals zu erarbeiten, als auch den Betriebsablauf aufrecht zu erhalten. An erster Stelle sollten Mitarbeiter in Schlüsselpositionen erkannt werden. Aufgrund ihrer Bedeutung für das Unternehmen sind für diese Arbeitskräfte besondere Schutzmaßnahmen notwendig. Da jedoch eine Erkrankung dieser Mitarbeiter nicht ausgeschlossen werden kann, ist es wichtig, dass für diese eine Vertretung gefunden wird.[378] Hierbei ist zu beachten, dass bei Mitarbeitern mit Spezialwissen durch rechtzeitige Schulungsmaßnahmen für mögliche Vertreter deren Qualifikation entsprechend ausgebildet werden sollen.[379]

---

377 Vgl. Bundesamt für Bevölkerungsschutz und Katastrophenhilfe, Regierungspräsidium Stuttgart, Landesgesundheitsamt (2007), Anhang 1 V1, S. 2.

378 Vgl. Kekulé, Alexander (2008), S. 19.

379 Vgl. IBM Global Technology Services (Hrsg.) (2006), S. 11.

Kritische Unternehmensbereiche

Jeder Betrieb ist von der Funktionsfähigkeit bestimmter Unternehmensbereiche abhängig. So würde der Ausfall der EDV-Abteilung einer Bank oder Versicherung die Gefahr einer Geschäftsunterbrechung erhöhen. Ein Pandemieplan sollte auf diese Bereiche vor allem eingehen. Dabei ist das Personal dieser Abteilung besonders vor Ansteckung zu schützen. Dies kann zum Beispiel durch die Errichtung von Heimarbeitsplätzen, Schaffung von Vertretungsreserven oder durch eine medikamentöse Prophylaxe mittels antiviraler Medikamente erfolgen.[380]

Umstellungen in der Betriebsorganisation

Eine Pandemie führt bei den meisten Unternehmen zu einer Reduktion der Wirtschaftsleistung. Ein hoher Personalausfall, eine Stagnation der Nachfrage sowie Probleme in der Zulieferung können einen Rückgang der Betriebstätigkeit zur Folge haben, der einen Stillstand von einzelnen Abteilungen nach sich ziehen kann. Im Rahmen einer Pandemieplanung kann das „Zurückfahren" der betrieblichen Tätigkeit organisiert werden. So ist bereits im Vorfeld zu ermitteln, auf welche Bereiche des Unternehmens im Pandemiefall verzichtet werden kann. Diese könnten geschlossen und die freigesetzten Mitarbeiter in essenziell wichtigen Bereichen eingesetzt werden. Damit diese Maßnahmen umgesetzt werden können, sind vorherige Schulungen und Umstellungen in der Betriebsorganisation notwendig.[381]

---

[380] Vgl. Godek, Manfred (2008), S. 117-118.

[381] Vgl. Kekulé, Alexander (2008), S. 20.

Medizinische Maßnahmen

Eine Pandemie macht es für das Unternehmen notwendig, auch medizinische Maßnahmen in die Planung einzubeziehen. Unter diesem Punkt sind alle Strategien, die den Schutz vor Ansteckung zum Ziel haben, zu verstehen. Darunter fallen Hygienemaßnahmen – wie das Tragen von Mund-Nasen-Schutz, Reduktion der Raumbelegung, Entsorgung von Einmaltaschentüchern – oder die Organisation von Bereichen mit Kundenkontakten. Weiterhin sollten Überlegungen bezüglich des Umgangs mit erkrankten Mitarbeitern in die Planung mit aufgenommen werden. Ferner sind Regelungen zu treffen, die die Bereitstellung und Ausgabe von Hilfsmitteln – wie Atemschutzmasken sowie Papiertaschentüchern und Medikamenten vorsehen.[382]

Kommunikation

Eine Pandemie bedroht unmittelbar die Gesundheit aller Mitarbeiter. In die Pandemieplanung sollten deshalb auch Überlegungen zur Kommunikation und Information der Beschäftigten einfließen. Sachgerechte Informationen könnten dazu beitragen, dass Ängste der Mitarbeiter abgebaut werden.[383] Die innerbetriebliche Kommunikation könne auch Informationen zur Arbeitsplatzhygiene transportieren, die dazu beitragen, das Infektionsrisiko zu verringern.[384]

---

[382] Vgl. Bundesamt für Bevölkerungsschutz und Katastrophenhilfe, Regierungspräsidium Stuttgart, Landesgesundheitsamt (Hrsg.) (2007), Angang 1 P4, S. 1-2.

[383] Vgl. Bundesamt für Bevölkerungsschutz und Katastrophenhilfe, Regierungspräsidium Stuttgart, Landesgesundheitsamt (Hrsg.) (2007), Anhang 1 V3, S. 2.

[384] Vgl. Bundesamt für Bevölkerungsschutz und Katastrophenhilfe, Regierungspräsidium Stuttgart, Landesgesundheitsamt (Hrsg.) (2007), Anhang 1 V3, S. 4.

Zulieferung und Dienstleister

Eine Pandemieplanung sollte das Unternehmen nicht isoliert betrachten. Aufgrund der hohen Vernetzung in der Wirtschaft und der daraus resultierenden Abhängigkeiten ist eine wirkungsvolle Planung von der Zusammenarbeit mit Lieferanten und Abnehmern abhängig. Dabei sei zu klären, wie sich eine Pandemie auf die Geschäftsbeziehung auswirke und welche gemeinsamen Absprachen und Regelungen bereits im Vorfeld getroffen werden müssten.[385]

Öffentliche Infrastruktur und Grundversorgung

Eine Pandemie würde absehbar auch mit Auswirkungen auf die öffentliche Infrastruktur verbunden sein. So sei damit zu rechnen, dass zum Beispiel der öffentliche Nahverkehr eingeschränkt werde. Zudem würden Mitarbeiter aus Angst vor Ansteckung diese Verkehrsmittel im Fall einer Pandemie meiden. Auch die Unterbringung von Kindern in Kindergärten und Schulen werde problematisch werden, da auch hier mit Einschränkungen aufgrund der Erkrankungen von Personal zu rechnen sei und in diesen Einrichtungen ein erhöhtes Ansteckungsrisiko bestehe. Unternehmen sollten deshalb überlegen, wie Mitarbeitern in Schlüsselpositionen der Weg zur Arbeit ermöglicht werde. Weiterhin sollte in der Planung geklärt werden, inwieweit eine Kinderbetreuung organisiert werde. Diese könne erforderlich sein, um Mitarbeiter von der Betreuung ihrer Kinder zu entlasten und so deren Anwesenheit im Betrieb zu ermöglichen.[386] Selbstverständlich sollte auch eine Vorsorge mit den Blick auf mögliche Ausfälle der Versorgung mit Strom-, Wasser- oder Telekommunikation sein. Auch hier sollten Maßnahmepläne, gegebenenfalls in Zusammenarbeit mit den Versorgern, vorliegen.

Abschließend lässt sich feststellen, dass ein Unternehmen bei der Erstellung eines Pandemieplans viel Nützliches über sich selbst erfährt. Betriebsabläufe werden analysiert, substanzielle Unternehmensbereiche erkannt und ein Überblick über die Zusammenhänge innerhalb und außerhalb des Betriebes geschaffen. Diese Erkenntnisse werden dazu beitragen die Unternehmensorganisation auch vor Eintritt einer Pandemie zu verbessern.[387]

---

385 Vgl. IFPMA International Federation of Phamaceutical Manufacturers and Associations (Hrsg.) (2007), S. 4.

386 Vgl. Bundesamt für Bevölkerungsschutz und Katastrophenhilfe, Regierungspräsidium Stuttgart, Landesgesundheitsamt (2007), Anhang 1 P2, S. 2.

387 Vgl. Hotz, Manuela / Müller-Gauss, Uwe (2007), S. 23.

6.3 Neuraminidase-Hemmer als Bestandteil der Pandemieplanung

Ein Lösungsansatz, die Funktionsfähigkeit eines Unternehmens im Fall einer Pandemie zu gewährleisten, ist die Verwendung von antiviralen Arzneimitteln. Dahinter steht die Idee, durch medikamentöse Behandlung und Prophylaxe die Erkrankungsrate im Unternehmen möglichst gering zu halten und somit die Funktionsfähigkeit des Unternehmens während der ersten Grippewelle zu erhalten. Dadurch soll Zeit gewonnen werden, bis ein geeigneter Impfstoff zur Verfügung steht.[388] Die Medizin nutzt dabei zwei Substanzklassen: Amantandin und Neuraminidase-Hemmer. Bei Amantandin handelt es sich um Medikamente, die das Eindringen des Influenza-Virus in den Zellkern hemmen. Dieser Wirkstoff hat jedoch zwei entscheidende Nachteile. Zum einen wirkt Amantandin nur gegen Influenza-Viren des Typs A und zum anderen entwickeln Influenzaviren bei therapeutischer Anwendung sehr schnell eine Resistenz gegenüber Amantandin.[389] Die Medikamentengruppe, deren Einsatz im Fall einer Pandemie am meisten diskutiert wird, ist Neuraminidase-Hemmer. Die Neuraminidase befindet sich auf der Oberfläche von Influenzaviren und ist für die Zerstörung der Zellmembran der Wirtszelle verantwortlich. Dadurch ist es den Viren überhaupt erst möglich, ihre Wirtszelle zu verlassen und sich im Körper weiter auszubreiten. Neuraminidase-Hemmer blockieren diesen Vorgang. Durch das Andocken des Wirkstoffs an der Neuraminidase wird der oben beschriebene Vorgang unterbrochen. Das an der Oberfläche der Wirtszelle befindliche Virus kann sich nicht lösen und die Ausbreitung im Körper wird gehemmt.[390] In Deutschland sind die Neuraminidase-Hemmer „Oseltamivir" und „Zanamivir" zugelassen. „Zanamivir" wird unter den Namen „Relenza" vertrieben und „Oseltamivir" unter dem Namen „Tamiflu". Die Anwendung von „Relenza" ist im Gegensatz zu „Tamiflu" aufwendiger, weil die Aufnahme der Arznei durch Inhalation erfolgt. Im Gegensatz dazu wird „Tamiflu" als Kapsel oder Lösung verabreicht.[391] Die Bundesrepublik Deutschland hat sich in Anlehnung an die Empfehlungen der Weltgesundheitsorganisation mit antiviralen Arzneimitteln bevorratet. Die natinonale Pandemieplanung sieht vor, diese Medikamente für die Therapie von Risikogruppen (alte Menschen, Personen mit chronischen Erkrankungen), medizinischem und essenziellem Personal (Polizei, Feuerwehr und Mitarbeitern

---

[388] Vgl. Roche Pharma AG (Hrsg.) (2008), S. 8.

[389] Vgl. Martini, Bettina Christine (2006).

[390] Vgl. Tröger,Uwe / Bode-Böger, Stefanie (2006), S. 3486-3487.

[391] Vgl. Fock, Rüdiger (2001), S. 976.

der Wasser- und Energieversorgung) zur Verfügung zu stellen.[392] Für Unternehmen wird diese Vorsorge des Staates nicht ausreichen, weil die für den Betriebsablauf notwendigen Mitarbeiter regelmäßig nicht zu dem oben angeführten Personenkreis gehören. Im Rahmen der Pandemieplanung sollten Unternehmen die Möglichkeit einer Bevorratung mit antiviralen Mitteln für Mitarbeiter in Schlüsselpositionen in Betracht ziehen. In die Entscheidung sollten jedoch folgende Überlegungen mit einbezogen werden: Für eine Bevorratung von antiviralen Mitteln spricht, dass Neuraminidase-Hemmer gegenwärtig die einzige zweckmäßige Therapie und Prophylaxe im Fall einer Pandemie darstellen. Zudem kann bei einem kurzfristigen Krankheitsbeginn während der Arbeitszeit sofort reagiert werden. Betrachtet man die prognostizierten Abwesenheitsquoten im Fall einer Pandemie, ist die Bevorratung mit antiviralen Arzneimitteln als einzig sinnvolle Entscheidung zu erachten, um den ökonomischen Schaden für das Unternehmen in Grenzen zu halten. Eine solche Maßnahme hat auch psychologische Effekte auf die Mitarbeiter. Sie vermittelt ein Gefühl der Sicherheit und des Vertrauens gegenüber dem Arbeitgeber.[393] Eine Bevorratung von antiviralen Medikamenten ist aber nur dann sinnvoll, wenn die Gefahr von Resistenzen der Influenzaviren gegenüber den Medikamenten gering ist. Vorliegende Studien deuten darauf hin, dass dies bei Neuraminidase-Hemmern der Fall sei.[394] Entscheidet sich ein Unternehmen für die Bevorratung von anitviralen Arzneimitteln, sind die gesetzlichen Bestimmungen für die Ausgabe von „Tamiflu" oder „Relenza" zu beachten. Bei beiden Medikamenten handelt es sich um verschreibungspflichtige Arzneimittel. Das bedeutet, dass die Abgabe dieser Medikamente nur durch Verordnung eines Arztes erfolgen kann. Auch ist nach den Bestimmungen des Arzneimittelrechts die Lagerung von verschreibungspflichtigen Medikamenten ausschließlich in einer Apotheke möglich. Unter bestimmten Voraussetzungen kann eine Lagerung auch im Betrieb erfolgen; hierfür ist jedoch die Aufsicht durch einen Apotheker zu gewährleisten.[395] Für das Unternehmen bedeuten diese gesetzlichen Vorgaben einen hohen Kosten- und Planungsaufwand, zumal der Betrieb im Krisenfall einen schnellen Zugriff auf die Medikamente organisieren muss. Dieser ist notwendig, weil eine erfolgreiche Therapie und Prophylaxe nur dann möglich ist, wenn die Behandlung innerhalb von 48 Stunden nach Auftreten der ersten

[392] Vgl. Martini, Bettina Christine (2006), S. 8.

[393] Vgl. Verband Deutscher Betriebs- und Werksärzte e.V. (Hrsg.)(2006).

[394] Vgl. Kurth, Reinhard / Buchholz, Udo / Haas, Walter (2006), S. 3484-3485.

[395] Vgl. Bundesamt für Bevölkerungsschutz und Katastrophenhilfe, Regierungspräsidium Stuttgart, Landesgesundheitsamt (Hrsg.) (2007), Anhang 1 V2, S. 7.

Krankheitssymptome beginnt.[396] Bei der Anwendung von Neuraminidase-Hemmern im Unternehmen ist zu beachten, dass die Behandlung nicht verhindert, dass infizierte Personen weiterhin Influenzaviren verbreiten können.[397] Aufgrund dessen kann die Frage, ob eine Bevorratung mit antiviralen Mitteln für das einzelne Unternehmen sinnvoll ist, nur nach einer genauen Analyse beantwortet werden. Dabei dürfen auch wirtschaftliche Überlegungen nicht außer Acht gelassen werden. So betragen die Kosten für die Prophylaxe mit „Tamiflu“ bei einer sechswöchigen Anwendung gegenwärtig 173,50 Euro pro Mitarbeiter.[398] Auch ist zu beachten, dass die Haltbarkeit dieser Medikamente nach fünf Jahren endet und damit ein Austausch der eingelagerten Medikamente erforderlich ist.[399] Unter diesen Bedingungen erscheint eine Bevorratung mit anitviralen Mitteln nur für essenziell wichtige Mitarbeiter sinnvoll und ratsam zu sein. Dem gegenüber steht jedoch eine ethische Verantwortung gegenüber der Gesamtbelegschaft. Eine Rationierung von Medikamenten auf essenziell wichtige Mitarbeiter widerspricht dem ethischen Anspruch, medizinische Ressourcen so einzusetzen, dass sie die größtmögliche Zahl von Opfern rettet.[400]

Trotz dieser offenen Fragen und Probleme ist die Mehrheit der Unternehmen offenkundig bereit, sich mit antiviralen Medikamenten zu bevorraten. So planen sechs von zehn Unternehmen, für den Ausbruch einer Pandemie Medikamente für die Belegschaft bereit zu halten. Bei jedem zweiten Betrieb, in dem ein Pandemieplan vorhanden ist, werden bereits jetzt anitvirale Medikamente eingelagert. Dabei können zwischen zehn und dreißig Prozent der Belegschaft mit Medikamenten versorgt werden.[401] Diese Bereitschaft mag daraus resultieren, dass die Gabe von antiviralen Medikamenten die einzige Alternative zu klassischen Maßnahmen, wie Quarantäne, Isolation oder Reisebeschränkungen, darstellt. Es muss jedoch festgehalten werden, dass ein Erfolg dieser Maßnahmen aufgrund fehlender Erfahrungen nicht sicher ist.[402]

---

[396] Vgl. Roche Pharma AG (Hrsg.) (2008), S. 9.

[397] Vgl. Tröger, Uwe / Bode-Böger, Stefanie M. (2006), S. 3492.

[398] Vgl. Arzneimittel-Richtlinien (2003).

[399] Vgl. Fock, Rüdiger (2001), S. 977.

[400] Vgl. Wiesing, Urban / Marckmann, Georg (2006), S. 1887-1888.

[401] Vgl. Preußer, Jacqueline / Alms, Wilhelm (2008), S. 11.

[402] Vgl. Weltgesundheitsorganisation WHO (Hrsg.) (2005), S. 8-9.

6.4 Zusammenfassung: Pandemieplanung als Bestandteil des Risikomanagements

Eine Pandemieplanung soll Sorge dafür tragen, dass Schäden für Unternehmen infolge einer Pandemie möglichst gering ausfallen. Ziel der Pandemieplanung ist es außerdem, den Zeitpunkt für den Ausbruch einer Infektionskrankheit im Unternehmen zu verzögern. Ebenso sollte die Infektionsrate, also die Zahl der erkrankten Mitarbeiter im Unternehmen, so gering wie möglich gehalten werden. Weiterhin werden in der Pandemieplanung Maßnahmen entwickelt, die ein angemessenes Management in der Krise ermöglichen. Auf diese Weise soll die Funktionsfähigkeit des Betriebes so lange erhalten bleiben, bis ein Impfstoff zur Verfügung steht. Eine Pandemieplanung trägt dazu bei, die Verlässlichkeit des Unternehmens für Geschäftspartner zu steigern und somit Wettbewerbsvorteile zu erlangen. Eine Pandemieplanung benötigt ein umfassendes Wissen über den Betrieb, sein Umfeld und die Auswirkungen, die mit einer Pandemie verbunden sind. Daher ist für eine erfolgreiche Planung die Zusammenarbeit von Mitarbeitern aller Abteilungen notwendig. Aber auch Geschäftspartner, wie Lieferanten und Kunden, sind in die Überlegungen einzubeziehen. All diese Anstrengungen sollen die negativen Auswirkungen einer Pandemie für das Unternehmen möglichst gering halten und gewährleisten, dass der Normalbetrieb am Ende der Pandemie möglichst schnell wieder hergestellt wird. Dabei sind durch Anpassungen im Betriebsablauf die Folgen einer Pandemie für das Unternehmen zu minimieren. Dies erfordert eine genaue Analyse der Abläufe und Prozesse im Unternehmen, sowie die Untersuchung der Bedeutung von externen Lieferanten und Kunden. Auch der Schutz von Mitarbeitern stellt eine Herausforderung bei der Pandemieplanung dar. Neben hygienischen Maßnahmen zur Reduzierung der Ansteckungsgefahr können medikamentöse Prophylaxemaßnahmen mit Neuraminidase-Hemmern in die Überlegungen mit aufgenommen werden. Da Erfahrungen mit Neuraminidase-Hemmern im Fall einer Pandemie jedoch nicht vorliegen, kann der Erfolg dieser Maßnahme nur vorsichtig geschätzt werden. Auch sollte das Problem der Resistenzbildung von Pandemieviren gegenüber Neuraminidase-Hemmern in der Planung erfasst werden. Entscheidet sich ein Unternehmen für die Bevorratung mit Medikamenten zur Prophylaxe, sind organisatorische Fragen hinsichtlich der Lagerung, der Verschreibung und der Ausgabe dieser Medikamente zu berücksichtigen. Sollte sich ein Unternehmen für eine medikamentöse Prophylaxe entschließen, so kann dies nur ein Baustein der Pandemieplanung sein.

7 Fazit

Im Jahr 2003 rückte durch den Ausbruch der Vogelgrippe in Südostasien die Gefahr einer Pandemie in den Blickpunkt der Öffentlichkeit. Der vereinzelte Übergang des Vogelgrippevirus auf den Menschen veranlasste die WHO, vor den Gefahren einer Grippepandemie zu warnen. Nationale Regierungen wurden aufgefordert, entsprechende Notfallpläne für den Eintritt einer Pandemie vorzubereiten. Da von den Auswirkungen einer Pandemie die gesamte Gesellschaft betroffen wäre, ist auch die Wirtschaft aufgefordert, sich auf die Folgen einer Pandemie vorzubereiten. Dabei ist zu beachten, dass die Konsequenzen in den einzelnen Wirtschaftsbereichen recht unterschiedlich sind. So ist im Einzelhandel, Tourismus und Gastgewerbe mit erheblichen Nachfrageausfällen zu rechnen. Demgegenüber würde die Nachfrage im Gesundheitswesen beträchtlich steigen. Alle Wirtschaftszweige müssten sich auf einen hohen Ausfall von Arbeitskräften einstellen. Eine weitere Folge für Unternehmen wäre die Unterbrechung von Versorgungsketten aufgrund von Einschränkungen im Transportwesen. Diese Auswirkungen können zu gravierenden Störungen im Betriebsablauf eines Unternehmens führen und im schlimmsten Fall die Existenz des Betriebes bedrohen. Somit stellt eine Pandemie eine erhebliche Bedrohung für ein Unternehmen dar. Aus diesem Grund sollte das Risikomanagement eines Unternehmens auch die Gefahren einer Pandemie umfassen. Wobei jedes Unternehmen eine eigene Risikoanalyse durchführen sollte. Dies ist notwendig, weil die Gefahren, die von einer Pandemie ausgehen, für jedes Unternehmen unterschiedlich sind. Aufgrund der Erkenntnisse, die durch die Risikoanalyse gewonnen werden, sollten durch eine Pandemieplanung Maßnahmen erarbeitet werden, die es ermöglichen, den Geschäftsbetrieb im Krisenfall möglichst aufrecht zu erhalten und die Schäden für das Unternehmen zu minimieren. Diese Maßnahmen können dazu beitragen, dass die Handlungsfähigkeit des Unternehmens im Pandemiefall einen Wettbewerbsvorteil gegenüber Mitbewerbern darstellt. Dem Risikomanagement stehen dabei mehrere Strategien zur Verfügung, den Gefahren einer Pandemie zu begegnen. Diese reichen von einer Verlagerung von Unternehmensaufgaben auf andere Unternehmen, über die Absicherung von Risiken durch Versicherungen, bis hin zur Risikobegrenzung durch die Entwicklung von Notfallplänen, die am geeignetsten erscheinen, den Auswirkungen einer Pandemie zu begegnen. Denn Notfallpläne umfassen alle Aspekte der Risikovorsorge. Dabei dürfen wirtschaftliche Faktoren nicht außer Acht gelassen werden. Eine Pandemieplanung muss auch immer einer Kosten-Nutzen Betrachtung standhalten. Am Ende der Überlegungen soll eine Planung vorhanden sein, die den Ausbruch der Pandemie im Unternehmen verzögern und die Ansteckungsrate so gering wie möglich halten wird. Auf diese Weise können die Auswirkungen der Pandemie im Unternehmen begrenzt und Zeit gewonnen werden, bis ein geeigneter Grippeimpfstoff zur Verfügung steht. Einen besonderen Stellenwert hat auch die Entscheidung, ob eine Bevorratung von Medikamenten in die Pandemieplanung mit aufzunehmen ist. Aufgrund der vielen organisatorischen Voraussetzungen, die die Lagerung, Verschreibung und Ausgabe dieser Medikamente erfordert, ist eine aufwändige Vorbereitung notwendig. Auch muss bei der Entscheidung für eine medikamentöse Grippeprophylaxe beachtet werden, dass noch viele offene Fragen zur Wirksamkeit und Resistenzbildung vorhanden sind.

Welchen Weg ein Unternehmen bei der Pandemieplanung auch einschlägt, die Entwicklung eines solchen Krisenplans wird auch Auswirkungen auf das Tagesgeschäft haben. Alle Maßnahmen, die im Rahmen einer Pandemieplanung entwickelt werden, tragen dazu bei, die Flexibilität eines Unternehmens zu erhöhen. Diese Flexibilität und Anpassungsfähigkeit ist in einer dem ständigen Wandel unterzogenen Wirtschaft notwendig, um die Konkurrenzfähigkeit zu erhalten. Zudem wird ein Unternehmen im Verlauf der Pandemieplanung viel Nützliches über sich selbst erfahren. Die Analyse von Betriebsabläufen, das Erkennen von Kernprozessen und die Entwicklung von Maßnahmeplänen werden dazu beitragen, Zusammenhänge im Unternehmen besser zu verstehen. Damit wird eine Transparenz gewonnen, die auch im Tagesgeschäft dafür sorgen wird, das Unternehmen erfolgsorientiert führen zu können.

Quellenverzeichnis

Allianz Private Krankenversicherungs-AG, Rheinisch-Westfälisches Institut für Wirtschaftsforschung e.V. (Hrsg.) (2006)

Pandemie

Risiko mit großer Wirkung

München, Essen

Allwinn, Regina / Doerr ,Hans Wilhelm (2005)

Wie gefährlich ist die Vogelgrippe für den Menschen?

In: Medizinische Klinik: Zeitschrift für innere Medizin in Klinik und Praxis,

Band 100, Heft 11, S. 710-713

München

Arbeitsgemeinschaft Influenza (Hrsg.) (2005)

Saisonbericht der Arbeitsgemeinschaft Influenza 2004/2005

Berlin

Arbeitsgemeinschaft Influenza (Hrsg.) (2007)

Saisonbericht der Arbeitsgemeinschaft Influenza 2006/2007

Berlin

Arzneimittel-Richtlinien (2003)

Bekanntmachung des Bundesausschusses der Ärzte und Krankenkassen über die Verordnung von Arzneimitteln in der vertragsärztlichen Versogrung

vom 24.03.2003

Therapiehinweis nach Nr. 14 der Arzneimittel-Richtlinien

Bundesanzeiger, Nr. 147, S. 17978

Auswärtiges Amt, Gesundheitsdienst (Hrsg.) (2005)

Merkblatt Vogelgrippe

Stand: 19.10.2005

Berlin

Bank Juluis Bär & Co AG (Hrsg.) (2005)

Was Sie schon immer über Vogelgrippe wissen wollten

Zürich

Bundesärztekammer, Kassenärztliche Bundesvereinigung (Hrsg.) (2006)

Fragen und Antworten zur Vogelgrippe

Berlin

Bundesamt für Bevölkerungsschutz und Katastrophenhilfe, Regierungspräsidium Stuttgart, Landesgesundheitsamt (Hrsg.) (2007)

Handbuch Pandemieplanung, Version 2.2B

Bonn, Stuttgart

Bundesamt für Gesundheit (Hrsg.) (2003)

SARS: 100 Tage nach dem Ausbruch – ein Fazit

In: Bulletin 32/2003, S. 544-545

Bern

Bundesamt für Gesundheit (Hrsg.)(2005)

Übertragbare Krankheiten

Grippe, Vogelgrippe und Grippepandemie

In: Bulletin 41/2005, S. 725-727

Bern

Denk, Robert / Exner-Merkelt, Karin / Ruthner, Raoul (2006)

Risikomanagement im Unternehmen – Ein Überblick

In: Wirtschaft und Management, Schriftenreihe zur Wirtschaftswissenschaftlichen Forschung und Praxis

Risikomanagement in Unternehmen, Nr. 3, Mai 2006

Wien

Deutscher Bundestag (Hrsg.) (2005)

Wissenschaftliche Dienste des Deutschen Bundestages
Nr. 58/05 vom 08.08.2005
Der Aktuelle Begriff – Influenza-Pandemie
Berlin

Döring, Ole (2003)
Anspruch und Wirklichkeit: Im Umgang mit SARS zeigen sich Chinas politische Schwachstellen
In: China aktuell, April 2003, S. 449-455
Hamburg

F.A.Z-Institut für Management-, Mark- und Medieninformationen GmbH, IMWF Institut für Management- und Wirtschaftsforschung GmbH (Hrsg.) (2008)
Themenkompass 2008: Pandemie
Frankfurt, Hamburg

Fock, Rüdiger (2001)
Management und Kontrolle einer Influenzapandemie
Konzeptionelle Überlegungen für einen deutschen Influenzaplan
In: Bundesgesundheitsblatt, Gesundheitsforschung, Gesundheitsschutz 10/2001, S. 969-979
Bonn
Gaber, Walter / Hofmann, Rainer (2003)
SARS – Die erste globale Seuche im 21. Jahrhundert
Sachstandsbericht Medizinische Dienste Fraport AG vom 16. Juni 2003
Frankfurt

Gauchel-Petrovic, Danica / Flieger, Angelika (2007)
Ökonomische Auswirkungen einer Influenzpandemie
In: Bevölkerungsschutz 3-2007, S. 27-31
Bonn

Geisel, Theo (2004)
In 80 Tagen um die Welt – wie sich Epidemien ausbreiten
In: Presseinformation der Max-Planck-Gesellschaft
vom 19. Oktober 2004, B 56/2004
München

Glasmacher, Susanne / Kurth, Reinhard (2006)
Globaler Arlarm
In: Spektrum der Wissenschaft, Dossier 3/2006, S. 12-17
Heidelberg

Gleißner, Werner / Lienhard, Herbert / Stroeder, Dirk H. (2004)
Risikomanagement im Mittelstand
Eschborn

Godek, Manfred (2007)
Vorbeugung, Logistik-Risiko Grippe
In: Fracht und Logistik, Sonderveröffentlichung 12. Oktober 207, S. 3
Hamburg

Godek, Manfred (2008)
Pandemie: Was tun, wenn alle krank sind?
In: Versicherungswirtschaft, 2/2008, S. 116-118
Karlsruhe

Haas, Walter (2005)
Prinzipien und Aspekte der Seuchenalarmplanung am Beispiel der Influenzapandemieplanung
In: Bundesgesundheitsblatt, Gesundheitsforschung, Gesundheitsschutz
48/2005, S. 1020-1027
Berlin

Hewitt, Jonathan (2006)

Vogelgrippe – Kopf in den Sand oder Panikmache?

In: Themen Nr. 14, Gen Re, Kölnische Rückversicherungs-Gesellschaft AG (Hrsg.), S. 12-19

Köln

Hölscher, Reinhold (2002)

Von der Versicherung zur integrativen Risikobewältigung: Die Konzeption eines modernen Risikomanagement

In: Hölscher, Rinhold, Elfgen, Ralph (Hrsg.)

Herausforderung Risikomanagement, S. 3-32

Wiesbaden

Hotz, Manuela / Müller-Gauss, Uwe (2006)

Vorbeugen durch Planung

Die Grippe-Pandemie kommt sicher – die Frage ist nur wann?

In: Sicherheitsforum 6/06, S. 70-71

Forch/Zürich

Hotz, Manuela / Müller-Gauss, Uwe (2007a)

Krisenmanagement

Die Grippe-Pandemie kommt – die Frage ist nur wann

In: KMU-Magazin 7(2007), S. 18-21

Horn, Schweiz

Hotz, Manuela / Müller-Gauss, Uwe (2007b)

Betriebliche Pandemieplanung - Praxiserprobt

In: Sicherheitsforum 4/2007, S. 52 – 53

Forch/Zürich

IBM Global Technology Services (Hrsg.) (2006)

Im Blickpunkt:

Planung für den Notfall-Business-Continuity unter Personalaspekten

Stuttgart

IFPMA International Federation of Pharmaceutical Manufactures and Associations (Hrsg.) (2007)

Wie man sich gegen eine Pandemische Grippe wappnet: Kontinuitätsplanung der Geschäftstätigkeit der globalen Gesundheitsindustrie

Genf

IMWF Institut für Management- und Wirtschaftsforschung GmbH (Hrsg.) (2008)

Trendstudie, Betriebliches Risikomanagement

Schwerpunkt Rationalisierungsrisiken

Hamburg

Jütte, Robert (2006)

Geschichte der Medizin

Verzweifelter Kampf gegen die Seuche

In: Deutsches Ärzteblatt, Jg. 103, Heft 1-2, S. 32-33

Köln

Kekulé, Alexander (2008)

Betriebliche Pandemieplanung

In: Themenkompass 2008, Pandemie

Institut für Management- und Wirtschaftsforschung, F.A.Z-Institut (Hrsg.)

Hamburg, Frankfurt

Kurth, Rinhard / Buchholz, Udo / Haas, Walter (2006)

Antivirale Arzneimittel – keine Wunderwaffe, aber ein wichtiger Baustein in der Pandemieplanung

In: Deutsches Ärzteblatt, Jg. 103, Heft 51-52, S. 3484-3485

Köln

Langer, Martin (2008)

Kriesenmanagement,

In: Themenkompass 2008 Pandemie, S. 12-14

F.A.Z.-Institut für Management-, Markt- und Medieninformationen GmbH, IMWF Institut für Management- und Wirtschaftsforschung (Hrsg.)

Frankfurt, Hamburg

Marschall, Manfred / Fleckenstein, Bernhard (2007)

Vieren überspringen Grenzen

Influenza und andere globale Bedrohungen – Teil 1

In: Am Puls Im Puls, Jg. 7, Heft 7/2007, S. 7-9

Erlangen

Martini, Bettina Christine (2006)

Grippepandemie: Kriesenmanagement in Unternehmen

Die Rolle des Apothekers

Glaxo Smith Kline (Hrsg.)

Memmingen

Meyer, Rüdiger (2004)

Spanische Grippe

Geheimnis des Virus entschlüsselt

In: Deutsches Ärzteblatt Jg. 101, Heft 10, S. 609

Köln

Münchener Rückversicherungsgesellschaft (Hrsg.) (2008)

Geschäftsbericht der Münchener-Rück-Gruppe 2007

München

Muth, Clemens / Zweimüller, Manuela (2007)
Gewappnet für den Fall der Fälle
In: Topics 1/2007, S. 6-17
Münchener Rück (Hrsg.)
München

Paukstadt, Waltraud (2005)
Der Count-down für die Influenza-Pandemie läuft
Virusalarm: Sind wir gerüstet?
In: MMW-Fortschritte der Medizin, Jg. 147, Heft 46, S. 4-8
München

Preußer, Jacqueline / Alms, Wilhelm (2008)
Unterschätzte Gefahr
In: Themenkompass 2008 Pandemie, S. 6-11
F.A.Z.-Institut für Management-, Markt- und Medieninformationen GmbH, IMWF Institut für Management- und Wirtschaftsforschung (Hrsg.)
Frankfurt, Hamburg

Reiter, Sabine / Haas, Walter (2005)
Influenza
Das Risiko einer Pandemie wird immer größer
In: MMW-Fortschritte der Medizin, Jg. 147, Heft 9, S. 35-38
München

Richter-Kuhlmann, Eva (2005)
Mögliche Influenuzapandemie
Ungenügend vorbereitet
In: Deutsches Ärzteblatt, Jg. 102, Heft 44, S. 2996
Köln

Robert Koch-Institut, Statistisches Bundesamt (Hrsg.) (2006a)

Gesundheitsberichterstattung des Bundes
Gesundheit in Deutschland,
Berlin

Robert Koch-Institut, Statistisches Bundesamt (Hrsg.) (2006b)
Gesundheitsberichterstattung des Bundes
Heft 31
HIV und Aids
Berlin

Roche Pharma AG (Hrsg.) (2008)
Influenza-Pandemie
Vom Risikofall zum Notfallplan – ein kompakter Überblick
Grenzach-Wyhlen

Romeike, Frank (2002)
Risikomanagement als Grundlage einer wertorientierten Unternehmenssteuerung
In: Rating aktuell, 02-2002, S. 12-17
Köln

Romeike, Frank (2005)
Risikokategorien im Überblick
In: Romeike, Frank (Hrsg.),
Modernes Risikomanagement, S. 17-32
Weinheim

Rossboth, Dieter / Kraus, Günther / Allerberger, Franz (2006)
Epidemien als Katastrophen
In: Wissenschaft & Umwelt Interdisziplinär, 10-2006, S. 85-98
Wien

Schmitt, Heinz-J. (2005)

Review Influenza

In: Consilium infectiorum (2005) Heft 1, 11.02.2005

Heppenheim

Schröder-Bäck, Peter / Sass, Hans-Martin / Brand, Helmut et al. (2008)

Ethische Aspekte eines Influenzapandemiemanagements und Schlussfolgerungen für die Gesundheitspolitik

Ein Überblick

In: Bundesgesundheitsblatt, Gesundheitsforschung, Gesundheitsschutz

2-2008, S. 191-199

Bonn

Stracke, Andrea / Heinen, Winfried (2006)

Grippe-Pandemie: Auswirkungen auf ein Portefeuille von Lebensversicherten

In: Themen Nr. 14, Gen Re, Kölnische Rückversicherungs-Gesellschaft AG (Hrsg.), S. 10-11

Köln

Tröger, Uwe / Bode-Böger, Stefanie (2006)

Stellenwert von Neuraminidase-Hemmer in der Prophylaxe und Therapie der Influenza

In: Deutsches Ärzteblatt, Jg. 103, Heft 51-52, S. 3486-3492

Köln

Weltgesundheitsorganisation WHO (Hrsg.) (2005)

WHO Kommunikation im Pandemiefall

WHO-Handbuch für Journalisten: Grippepandemie

Genf

Wiesing, Urban / Marckmann, Georg (2006)
Vogelgrippe
Eine neue Pandemie – alte ethische Probleme
In: Deutsches Ärzteblatt, Jg. 103, Heft 27, S. 1886-1888
Köln

Witte, Wilfried (2006)
Die Grippe-Pandemie 1918-20 in der medizinischen Debatte
In: Berichte zur Wissenschaftsgeschichte, Band 29, S. 5-20
Weinheim
Wolke, Thomas (2007)
Risikomanagement
München

Zech, Jürgen (2002)
Integriertes Risikomanagement – Status quo und Entwicklungstendenzen aus der Perspektive eines Versicherungskonzerns
In: Hölscher, Rinhold, Elfgen, Ralph (Hrsg.)
Herausforderung Risikomanagement, S. 33-49
Wiesbaden

Zylka-Menhorn, Vera (2007)
Influenzapandemie-Planung
Aktualisierte Empfehlungen bereiten Ärzteschaft auf den Ernstfall vor
In: Deutsches Ärzteblatt, Jg. 104, Heft 51-52, S. 3526-3527
Köln

Elektronische Quellen

Graichen, Winfrid U. (2007)

Vogelgrippe und andere Katastrophen: Kopf in den Sand oder Risikomanagement?

URL: http://www.perspektive-blau.de/artikel/0702c/0702c.pdf [21.08.2008]

Hämmerle, Matthias (2007)

Der Bahnstreik kann die gesamte Volkswirtschaft ins Chaos stürzen

URL: http://www.bcm-news.de/2007/10/03/der-bahnstreik-kann-die-gesamte-volkswirtschaft-ins-chaos-stuerzen/ [03.08.2008]

Lingg, Hermann v. (1906)

Der schwarze Tod

URL: http://gutenberg.spiegel.de/?id=5&xid=1661&kapitel=5&cHash=7adb7cff0bschwztod#gb_found [07.07.2008]

Med Magazin (Hrsg.) (2006)

Krisenmanagement im Unternehmen für den Fall einer Grippe Pandemie

URL: http://www.med-magazin.de/modules.php?name=News&file=

article&sid=1411

[21.08.2008]

Neukirch, Benno (2007)

Die Influenza ... und ihre wirtschaftlichen Folgen

URL: http://www.bsafb.de/fileadmin/downloads/downloads_07/Influenza-Neukirch-2.pdf [14.08.2008]

Pickel, Michael (2007)

Pandemie – das unterschätzte Risiko

Vortrag auf dem 2. Niedersächsischen Versicherungstag Hannover am 28.02.2007

URL: http://www.lernpark.de/ueber-die-organisationen-im-bildungsnetzwerk/bwv-regional/hannover/2-nied-versicherungstag/downloads-vortraege/index.html [03.07.2008]

Peichl, Monika (2006)

Pandemie-Kosten entstehen vor allem durch die Versuche der Menschen, der Infektion zu entgehen

In: Ärzte Zeitung, 06.01.2006

URL: http://aerztezeitung.de/extras/druckansicht/?sid=425659&pid=430483 [14.07.2008]

Robert Koch-Institut (2007)

RKI: Vogelgrippe-Pandemierisiko nach wie vor hoch

In: deutsches Notfallvorsorge-Informationssystem, deNIS

URL: http://www.denis.bund.de/aktuelles/06635/index.html [03.07.2008]

Roche Deutschland (2008)

Influenza-Pandemie

URL: http://www.roche.de/pharma/indikation/grippe/flu_welle_pandemie.htm?sid=6eb b05ed531a1fbaaf21b809669d92f4 [20.08.2008]

Thiel, Dirk (2007)

Risikofaktor Pandemie: Wirtschaftliche Auswirkungen auf Unternehmen

Vortrag auf der Euroforum Pandemie-Konferenz Hamburg am 27.06.2007

URL: http://www.creditreform-rating.de/Deutsch/Rating/3_Aktuelles/Fachpublikationen/2007/2007-06-27_Praesentation_Pandemie-Konferenz.jsp [01.07.2008]

Verband Deutscher Betriebs- und Werksärzte e.V. (VDBW) (Hrsg.)(2006)

Antivirale Arzneimittel: pro und contra

URL: http://www.vdbw.de/de/grippe_pandemie/Plan_Anl_1_Arzneivorrat.pdf [30.08.2008]

Vereinigung für Qualitäts- und Management-Systeme (SQS) (2006)

Risikomanagement

URL: http://www.sqs.ch/507.pdf [04.08.2008]

WHO (2008)

Cumulative Number of Confirmed Human Cases of Afian Influenza A/(H5N1)

Report to WHO

URL: http://www.who.int/csr/disease/avian_influenza/en/ [03.07.2008]

Wirtschaftslexikon24.net (2008)

Just-in-time-Produktion

URL: http://www.wirtschaftslexikon24.net/d/just-in-time-produktion/just-in-time-produktion.htm [03.08.2008]

Birgit Schröder: Krisenmanagement im Fall einer Epidemie am Beispiel des EHEC-Ausbruchs 2011 in Deutschland und seine Bedeutung für den pflegerischen Alltag

2012

Abkürzungsverzeichnis

ANSES Agence nationale de securite sanitaire Alimentation (Französisches Lebensmittelagentur)

BBK Bundesamt für Bevölkerungsschutz und Katastrophenhilfe

BfR Bundesinstitut für Risikobewertung

BMG Bundesministerium für Gesundheit

BMI Bundesministerium des Inneren

BVLBundesamt für Verbraucherschutz und Lebensmittelsicherheit

BMELV Bundesministerium für Ernährung, Landwirtschaft und Verbraucherschutz

ECDC European Centre for Desease Prevention and Control (Europäisches Zentrum für die Prävention und die Kontrolle von Krankheiten)

EFSA European Food Safety Authority (Europäische Behörde für Lebensmittelsicherheit)

EHEC Enterohämorrhagische Escherischia Coli

HUSHämolytisch-urämisches Syndrom

IFSG Infektionsschutzgesetz

IGV Internationale Gesundheitsvorschriften

NRLNationales Referenzlabor

NRZNationale Referenzzentren

RKI Robert Koch-Institut

WHO World Health Organization (Weltgesundheitsorganisation)

Glossar

Agenzien wirkende Mittel

Ätiologie Lehre von den Ursachen der Krankheiten

Bulletin Bekanntmachung, Tagesbericht

Clusterzeitlich/ räumliche Häufung von Erkrankungen

Dialyse Blutreinigungsverfahren bei Nierenversagen

Dialysekatheter Schlauch der in eine Vene eingelegt wird für die Dialyse

Eiweißsynthese Herstellung eines Proteins (Eiweiß) im Lebewesen

Epidemie zeitliche oder örtliche Häufung einer Krankheit innerhalb einer menschlichen Bevölkerungsgruppe

Epidemiologe Wissenschaftler der sich mit den Ursachen und Folgen sowie der Verbreitung von gesundheitsbezogenen Zuständen und Ereignissen in der Bevölkerung beschäftigt

Epilepsie Krampfanfallsleiden

Escherischia coli enterohämorrhagisches Darmbakterium, welches beim Menschen blutige Durchfallerkrankungen auslöst

Fäkal-orale Infektion Erreger aus dem Darm oder aus Fäkalien gelangen durch den Mund in den Organismus

GastroenteritisMagen-Darm-Entzündung

Großlumig Katheter mit großem Innendurchmesser

hämolytisch-urämisches Erkrankung der kleinen Blutgefäße der Niere, meist durch

Syndrom Bakteriengifte

hämorrhagische Kolitis schwere Entzündung des Darms hervorgerufen durch EHEC

immunsupprimiert körpereigene Infektionsabwehr ist geschwächt

Inkubationszeit die Zeit, die zwischen der Infektion mit einem Krankheitserreger und dem Auftreten erster Symptome vergeht

infiziert sich angesteckt haben

interdisziplinär fächerübergreifende Arbeitsweise

Kohorte, kohortieren die Möglichkeit, mehrere Patienten, welche an der gleichen Infektionskrankheit leiden, gemeinsam und von den anderen Patienten getrennt, in einem Zimmer zu betreuen

kontaminiert Verunreinigung oder Verschmutzung von Personen oder Gegenständen mit chemischem, biologischem oder radioaktivem Material

mikrobiell die Kleinstlebewesen betreffend

molekularbiologische Verfahren zur Darstellung kleinster Teile des Erregers,

Feintypisierung der sog. „genetische Fingerabdruck"

Pathogenese Entstehung und Entwicklung einer Krankheit

Plasmapherese Austausch des Blutplasmas als therapeutische Maßnahme

Pneumonie Lungenentzündung

Prophylaxe vorbeugende Maßnahme

Serogruppe Erreger wie Bakterien oder Viren können, auch wenn sie zur gleichen Spezies gehören, also viele Gemeinsamkeiten haben, unterschiedliche Erkennungsmerkmale aufweisen.

Shigatoxin bestimmtes Zellgift des EHEC Keimes

Zellmembranrezeptor Empfangs- bzw. Aufnahmeeinrichtung in der Zellwand

Zytotoxin Zellgift

1. Einleitung

Bei der EHEC-Infektion im Frühsommer 2011 handelte es sich um den größten bakteriellen Ausbruch mit Escherischia coli den es seit dem Zweiten Weltkrieg in Deutschland gegeben hat. Bezogen auf die Anzahl der HUS Fälle war es sogar der größte weltweit beschriebene Ausbruch (Bundesinstitut für Risikobewertung 2011a, S.7). Zentrum dieser Epidemie war Norddeutschland und Mitte Juni gab es noch eine Infektionshäufung mit demselben Keim in Frankreich.

Zum einen galt es die vielen, zum Teil, lebensbedrohlich erkrankten Menschen zu isolieren und zu versorgen, zum anderen musste so schnell wie möglich die Ursache gefunden werden, um eine weitere Verbreitung des Keimes zu vermeiden. Als ein großes Problem sollte sich der Umstand herausstellen, dass die Inkubationszeit, also die Zeit der Ansteckung bis zum Ausbruch der Erkrankung, 7-10 Tage betrug (Robert Koch-Institut 2011a, S.13). Die Betroffenen konnten sich nur schwer bis gar nicht mehr daran erinnern, was und wo sie gegessen hatten. In der Vergangenheit konnten rund 75 Prozent aller EHEC-Fälle in Deutschland nicht aufgeklärt werden, da in Verdacht geratene Lebensmittel zum Zeitpunkt der Erkrankungen oft schon verbraucht waren. Nur der intensiven Zusammenarbeit von deutschen und europäischen Behörden ist es zu verdanken, dass im Fall der schweren Epidemie 2011 mit an Sicherheit grenzender Wahrscheinlichkeit die Ursache identifiziert werden konnte (Bundesministerium für Ernährung, Landwirtschaft und Verbraucherschutz 2011, S.1).

Ziel dieser Hausarbeit ist es, das Krisenmanagement von Bund und Ländern, sowie beteiligten europäischen Behörden zu skizzieren. Anhand der Literaturrecherche soll verdeutlicht werden wie komplex die Suche nach dem Erreger und seiner Herkunft war, und wie er auf den Menschen übertragen wurde. Lange war die Koordination der EHEC-Krise nicht klar erkenntlich, dieses wurde auch von Politikern kritisiert. Wer hat welche Zuständigkeiten und bei welcher Behörde bekommt man welche Information? Es stellt sich die Frage: Wo gibt es Verbesserungsmöglichkeiten und was können wir für die Zukunft aus dieser Krise lernen? Ein zweites Augenmerk liegt auf dem Krisenmanagement in der Versorgung der Erkrankten.

Um in die Thematik einzuführen, wird in Kapitel 2 wichtiges theoretisches Hintergrundwissen vermittelt. Die zugrundeliegende Infektionserkrankung, die erforderlichen Hygienemaßnahmen und die Meldepflicht werden erläutert.

In Kapitel 3 wird das Krisenmanagement des Bundes und der Länder dargestellt, es kann aber nur grob umrissen werden, eine detailliertere Schilderung würde den Rahmen dieser Hausarbeit übersteigen.

In Kapitel 4 wird das Krisenmanagement in den Krankenhäusern stellvertretend am Beispiel des Universitätsklinikums Schleswig-Holstein, Campus Lübeck beleuchtet. Hier wurden 238 EHEC Patienten ambulant und stationär versorgt, davon 106 Patienten mit dem hämolytisch-urämischen Syndrom, 6 HUS-Patienten waren unter 18 Jahre alt und wurden in der Kinderklinik betreut. Am Beispiel der Kinderintensivstation soll verdeutlicht werden, welche Auswirkungen die Epidemie auf den pflegerischen Alltag hatte.

Im Schlussteil bleiben dann noch das Resümee und ein Ausblick auf die Zukunft, ob und wie das Krisenmanagement bei ähnlichen Epidemien noch effizienter agieren könnte.

2. Die Infektionserkrankung

2.1. Ätiologie und Pathogenese

Die Infektion wird ausgelöst durch Bakterien mit der Bezeichnung Enterohämorrhagische Escherichia coli (EHEC). Sie besitzen die Eigenschaft bestimmte Zytotoxine (Zellgifte) zu bilden, sog. Shigatoxine. Sie binden an spezielle Zellmembranrezeptoren in Gefäßen und Darm an, blockieren dort die Eiweißsynthese und führen zum schnellen Zelltod. EHEC werden in verschiedene Serogruppen eingeteilt. Der weltweit am häufigsten isolierte EHEC- Serotyp ist O157, für das Ausbruchgeschehen in Norddeutschland im Jahre 2011 war der Serotyp O104:H4 verantwortlich. Zu Beginn des Ausbruchs im Mai existierte noch kein etablierter Test zur Bestimmung des aktuellen EHEC-Stammes. Ein solches spezifisches Erkennungssystem wurde erst Ende Mai 2011 vom Nationalen Referenzlabor für E. coli des Bundesinstituts für Risikobewertung zusammen mit Experten von der französischen Lebensmittelagentur veröffentlicht. Diese Methode wurde dann den Untersuchungslaboren der Bundesländer zur Verfügung gestellt (Adolfs et al. 2011, S.7).

EHEC Infektionen sind gekennzeichnet durch unblutige, meist wässrige Durchfälle. Begleitsymptome sind Übelkeit und Erbrechen, selten Fieber. Die schwere Verlaufsform, die sog. hämorrhagische Kolitis (Darmentzündung) mit krampfartigen Bauchschmerzen, blutigen Stuhlgängen und teilweise Fieber entwickelt sich bei 10-20% der Fälle. Gefürchtet ist das hämolytisch-urämische Syndrom (HUS), das durch akutes Nierenversagen, Blutarmut (durch den Zerfall roter Blutkörperchen) und einen Mangel an Blutplättchen charakterisiert ist. Hierbei kommt es häufig zur kurzzeitigen Dialysepflicht, seltener zum dauernden Nierenversagen. Bei besonders schweren Infektionen können auch andere Organe wie z.B. das zentrale Nervensystem betroffen sein, mit neurologischen Symptomen, wie z.B. Doppelbilder sehen, Bewusstseinsstörungen oder epileptischen Krämpfen. Die EHEC-Infektion kann tödlich verlaufen.

Die Inkubationszeit beträgt im Durchschnitt 3-4 Tage. Beim Serotyp O104:H4 deuten Hinweise auf eine längere Inkubationszeit, erste Schätzungen des Robert Koch-Instituts ergaben, dass der Median der Inkubationszeit 8 Tage betrug. Schon ab einer sehr geringen Infektionsdosis mit EHEC Bakterien (weniger als 100 Erreger für EHEC O157) kann es zur Erkrankung des Organismus kommen. HUS Erkrankungen beginnen in der Regel ungefähr 7 Tage (5-12 Tage) nach Beginn des Durchfalls. Bei dem EHEC Ausbruch durch den Serotyp O104:H4 scheint die Zeit zwischen Durchfallbeginn und HUS mit 5 Tagen (4-6 Tage) kürzer zu sein. Diese Zahlen belegen Untersuchungen in 98 Fällen (Robert Koch-Institut 2011a, S.13).

Der Übertragungsweg ist zum einen die orale Aufnahme z.B. durch Kontakt mit Wiederkäuern oder Verzehr von fäkal kontaminierten Lebensmitteln, zum anderen die Mensch-zu-Mensch-Übertragung durch fäkal-orale Schmierinfektion bei mangelhafter Hygiene. Eine Infektionsgefahr besteht solange EHEC Bakterien im Stuhl nachgewiesen werden (Gesundheitsamt Lübeck 2011, o. S.).

2.2. Hygienemaßnahmen

Verbraucher können das Risiko einer EHEC Infektion minimieren indem sie alle Lebensmittel vor dem Verzehr ausreichend erhitzen, dies bedeutet mindestens auf 70°C für 10 Minuten. Für alle Personen die an Durchfall erkrankt sind gilt strikte Händedesinfektion nach jedem Toilettengang und vor dem Umgang mit Lebensmitteln. Besondere Vorsicht ist geboten bei Kontakt mit Säuglingen und Kleinkindern, sowie immunsupprimierten (abwehrgeschwächten) Personen.

Am EHEC Bakterium erkrankte Personen und deren Kontaktpersonen dürfen, laut §§33 und 34 IFSG, solange nicht in Gemeinschaftseinrichtungen (z.B. Schule, Kindergarten) Lehr-, Erziehungs-, Pflege-, Aufsichts- oder sonstige Tätigkeiten verrichten, bis nach ärztlicher Einschätzung eine Weiterverbreitung der Krankheit durch sie nicht mehr zu befürchten ist (Georgi/ Bierbach 2007, S.256/257).

Personen, die bei der Herstellung und dem Behandeln oder in Verkehr bringen von Lebensmitteln nach §42 IFSG, in Küchen von Gaststätten und sonstigen Einrichtungen mit oder zur Gemeinschaftsverpflegung beschäftigt sind, dürfen solange nicht tätig sein, wie sie an EHEC erkrankt sind oder den Erreger ausscheiden (Gesundheitsamt Lübeck 2011, o. S.).

Bei stationärem Aufenthalt von infizierten Personen müssen alle Standardhygienemaßnahmen sorgfältig eingehalten werden. Zusätzlich sollten betroffene symptomatische Patienten isoliert mit eigener Toilette untergebracht werden. Das Personal muss Schutzkittel und Einmalhandschuhe tragen, bei möglichem Kontakt mit erregerhaltigem Material bzw. kontaminierten Gegenständen (Robert Koch-Institut 2011a, o. S.).

EHEC-Infektionen treten weltweit auf und sind meldepflichtig. Seit 2001 wurden in Deutschland jährlich zwischen 925 und 1183 EHEC-Erkrankungen bekannt. 2011 waren es fast 5000 Fälle, die Mehrzahl davon im Rahmen des O104:H4-Ausbruchsgeschehens (Gesundheitsamt Lübeck 2011, o. S.).

2.3. Meldepflicht

Das Infektionsschutzgesetz (IFSG) ist am 01.01.2001 in Kraft getreten und hat damit das zuvor bestehende Bundesseuchengesetz abgelöst. Es dient dem Zweck der Vorbeugung übertragbarer Krankheiten, Infektionen frühzeitig zu erkennen und deren Weiterverbreitung zu verhindern (Georgi/ Bierbach 2007, S.241).

Im §4 IFSG ist festgelegt, das mit Inkrafttreten des Infektionsschutzgesetzes das Robert Koch-Institut in Berlin die Datenerhebung hinsichtlich übertragbarer Erkrankungen zentral koordinieren, analysieren und bewerten soll. Das RKI soll ferner auf Bundesebene ein epidemiologisches Informationsnetz aufbauen, die Länder beraten und länderübergreifende Maßnahmen zur Bekämpfung von Infektionskrankheiten aufeinander abstimmen (Georgi/ Bierbach 2007, S.243).

Die namentliche Meldung muss innerhalb von 24 Stunden nach erlangter Kenntnis dem Gesundheitsamt bekannt gegeben werden, das für den Aufenthalt des Betroffenen zuständig ist. Es zählt also der Aufenthaltsort zum Zeitpunkt der Erkrankung, auch wenn es nicht der ständige Wohnsitz ist. Das unterrichtete Gesundheitsamt hat das für die Hauptwohnung zuständige Gesundheitsamt unverzüglich zu unterrichten (Georgi/ Bierbach 2007, S.249).

Die Meldepflicht für EHEC-Infektionen beinhaltet Folgendes: „Gemäß §6 Infektionsschutzgesetz ist der Krankheitsverdacht, die Erkrankung sowie der Tod an enteropathischem hämolytisch-urämischem Syndrom (HUS) namentlich meldepflichtig. Weiterhin ist der Verdacht auf die Erkrankung an einer mikrobiell bedingten Lebensmittelvergiftung oder an einer akuten infektiösen Gastroenteritis meldepflichtig, wenn eine Person betroffen ist, die eine Tätigkeit im Sinne des

§42 IFSG ausübt oder wenn zwei oder mehr gleichartige Erkrankungen auftreten, bei denen ein epidemischer Zusammenhang wahrscheinlich ist oder vermutet wird“ (Robert Koch-Institut 2011b, o.S.).

Ebenso namentlich meldepflichtig wie die Erkrankung ist, laut §7 Infektionsschutzgesetz, der direkte oder indirekte Nachweis enterohämorrhagischer Stämme von E.coli (EHEC), soweit die Nachweise auf eine akute Infektion hinweisen. §8 IFSG regelt, welche Personen zur Meldung verpflichtet sind. Dies ist im Fall der Erkrankung immer der feststellende oder der behandelnde Arzt, bei erkrankten Tieren mit denen Menschen Kontakt gehabt haben auch der Tierarzt und in den Laboren der Leiter pathologisch anatomischer Diagnostik. Jedoch auch Angehörige von Heil- und Pflegeberufen, Kapitän eines Seeschiffes, oder Luftfahrzeugführer sind zur Meldung verpflichtet (Georgi/ Bierbach 2007, S.248). Die ersten Fälle der EHEC-Infektion mit HUS beim Ausbruch 2011 wurden dem Hamburger Gesundheitsamt Mitte Mai gemeldet, von dem Tag an stieg die Zahl stetig.

3. Krisenmanagement des Bundes und der Länder

3.1. Der Informationsweg

Die Gesundheitsämter leiten nach erster Dringlichkeitseinschätzung die Daten unverzüglich weiter an die zuständigen Landesbehörden für Gesundheit. Von hier aus werden die Daten auf nationaler Ebene übermittelt, an das Bundesministerium des Inneren und das Bundesministerium für Gesundheit. Diese informieren das Robert Koch-Institut, welches laut Infektionsschutzgesetz für die Koordination, Datenanalyse und die Bewertung zuständig ist. Von hier aus wurden im Fall des EHEC Ausbruchs 2011 das Bundesinstitut für Risikobewertung und das Bundesamt für Verbraucherschutz und Lebensmittelsicherheit informiert. Da eine Gefahr für das europäische Ausland nicht auszuschließen war, wurden auch die Weltgesundheitsorganisation (WHO) und das Europäische Zentrum für die Prävention und die Kontrolle von Krankheiten (ECDC) benachrichtigt. Alle vorgenannten Informationen wurden elektronisch weitergeleitet. Die nicht sicher abzuschätzende Gefährlichkeit des Keims machte es notwendig auf nationaler wie auch auf internationaler Ebene gleichzeitig zu handeln, die Bevölkerung musste informiert werden, ebenso sollten Handlungsempfehlungen ausgegeben werden.

Für die Journalisten war es schwierig, in der Phase der allgemeinen Ratlosigkeit und zum Teil verwirrenden behördlichen Zuständigkeiten, fundierte Primärquellen ausfindig zu machen und zu zitieren. Durch die rasant steigenden Fallzahlen der Erkrankten entstand ein enormer Druck, berichten zu müssen. Teilweise wurde immer noch von tierischen Lebensmitteln als Auslöser berichtet, als schon lange der Verdacht auf Tomaten, Gurken und Salat lag. Die Mitteilung von Robert Koch-Institut und Bundesinstitut für Risikobewertung, dass mit großer Wahrscheinlichkeit eine Gurke aus Spanien Ursache war, verbreitete sich rasant, mit ungeahnten wirtschaftlichen und politischen Folgen.

Auf der einen Seite ist es die Aufgabe der Medien die Bevölkerung aufzuklären und Handlungsempfehlungen zu geben, auf der anderen Seite sollte die Berichterstattung aber auch keine unnötigen Ängste schüren. Was feststeht ist die Tatsache, dass nicht nur die EHEC Fälle, sondern auch die Berichterstattungen darüber große wirtschaftliche und politische Auswirkungen haben.

Zum besseren Verständnis wird im anschießenden Kapitel der Ablauf des EHEC Ausbruchsgeschehens 2011, aus Sicht des Robert Koch-Instituts, chronologisch grob skizziert.

3.2. Chronologie des EHEC Ausbruchs 2011

19. Mai: Das Hamburger Gesundheitsamt informiert die Hamburger Behörde für Gesundheit und Verbraucherschutz über 3 HUS-Erkrankungen bei Kindern. Die Behörde lädt daraufhin das Robert Koch-Institut ein, die zuständigen Behörden bei der Untersuchung zu unterstützen. Am darauffolgenden Tag treffen 3 Epidemiologen des Robert Koch-Instituts in Hamburg ein. Es werden noch weitere Fälle auch von außerhalb Hamburgs bekannt. Erste Befragungen der Betroffenen (u.a. nach Sprossen) werden durchgeführt und deuten als erste Hypothese der Ursache für die Infektion mit dem EHEC- Erreger auf pflanzliche Lebensmittel wie Tomate, Gurke und Blattsalate hin.

21. Mai: Das Robert Koch-Institut unterrichtet das Bundesinstitut für Risikobewertung und das Bundesamt für Verbraucherschutz und Lebensmittelsicherheit über das gehäufte Auftreten von HUS- und EHEC-Fällen in Hamburg und Schleswig-Holstein. Am darauffolgenden Tag erreicht die Erkrankungswelle ihren Höhepunkt mit 161 neuen EHEC-Infektionsfällen und 63 HUS-Neuerkrankungen an einem Tag. Zwei Tage später werden dem Robert Koch-Institut die ersten Todesfälle im Zusammenhang mit der Infektion gemeldet.

25. Mai: Bundesinstitut für Risikobewertung und Robert Koch-Institut raten in einer gemeinsamen Stellungnahme vom Verzehr roher Tomaten, Gurken und Blattsalate in Norddeutschland ab. Einen Tag später findet das Hamburger Hygieneinstitut EHEC-Erreger auf spanischen Gurken. Die Öffentlichkeit wird darüber informiert. Das nationale Referenzlabor des Bundesinstituts für Risikobewertung stellt bei der Überprüfung der labordiagnostischen Befunde aus Hamburg aber fest, dass es sich um andere EHEC-Erreger als bei den erkrankten Personen handelt.

05. Juni: Das Niedersächsische Verbraucherschutzministerium verfolgt eine neue Spur, deren Grundlage ist die Auswertung von Warenströmen, die sich von erkrankten Personen auf einen niedersächsischen Sprossenlieferanten verfolgen lassen. Das Bundesinstitut für Risikobewertung unterstützt Niedersachsen bei der Aufklärung der Hinweise.

10. Juni: Bakterien vom Typ O104:H4 werden an Sprossen aus Bienenbüttel entdeckt. Bundesinstitut für Risikobewertung, Bundesamt für Verbraucherschutz und Lebensmittelsicherheit und Robert Koch-Institut raten vom Verzehr roher Sprossen ab, im gleichen Zuge heben sie die frühere Verzehrsempfehlung für Gurken, Tomaten und Salat auf.

24. Juni: Frankreich meldet eine Erkrankungshäufung nach Verzehr von Sprossen. Die EU-Kommission beauftragt die European Food Safety Authority mit der Aufklärung, unter Beteiligung von Bundesinstitut für Risikobewertung und Bundesamt für Verbraucherschutz und Lebensmittelsicherheit.

29. Juni: European Food Safety Authority und das European Centre for Desease Prevention and Control veröffentlichen eine Risikobewertung zum Ausbruch in Frankreich. Gemeinsame Quelle der Krankheitsausbrüche in Deutschland und Frankreich scheinen aus Ägypten importierte Bockshornkleesamen zu sein. Die Rücknahme mehrerer Chargen Bockshornkleesamen aus Ägypten wird vom Bundesinstitut für Risikobewertung angeordnet.

01. und 05. Juli: Weltgesundheitsorganisation, dann auch European Food Safety Authority und European Centre for Desease, Prevention and Control raten europäischen Verbrauchern vom Verzehr roher Sprossen ab. Das Bundesinstitut für Risikobewertung bestätigt Ägypten als wahrscheinlichen Ursprung des EHEC-Erregers.

06. Juli: EU-Kommission verbietet die Einfuhr bestimmter Samen und Bohnen aus Ägypten bis zum 31. Oktober 2011.

26. Juli: Das Robert Koch-Institut teilt mit, dass aus den Bundesländern seit drei Wochen keine neuen Erkrankungen mehr gemeldet wurden und es erklärt den EHEC Ausbruch in Deutschland für beendet (Adolfs et al. 2011, S. 15/16).

Zu diesem Zeitpunkt wurden dem EHEC-Ausbruch 3842 Erkrankungsfälle in Deutschland zugerechnet. Hiervon hatten 2987 Menschen eine akute Gastroenteritis und 855 Patienten litten an dem gefürchteten hämolytisch-urämischen-Syndrom. 53 Personen verstarben an der Infektion. Waren in der Vergangenheit hauptsächlich Kleinkinder von der EHEC Gastroenteritis und dem HUS betroffen, so stand die Infektionswelle 2011 in absolutem Gegensatz. Es erkrankten zum größten Teil Erwachsene und unter ihnen waren Frauen deutlich häufiger betroffen als Männer. Die Ursache hierfür liegt nach größter Wahrscheinlichkeit an den Sprossen als Infektionsquelle, da Frauen sich in der Regel bewusster ernähren und Sprossen nicht direkt zum bevorzugten Lebensmittel von Kindern zählen.

Aus allen Bundesländern wurden Erkrankungsfälle an die zuständigen Gesundheitsämter gemeldet, aber die 5 nördlichsten Bundesländer Hamburg, Schleswig-Holstein, Bremen, Niedersachsen und Mecklenburg-Vorpommern waren am stärksten betroffen, mit bis zu 10 HUS-Erkrankungen auf 100.000 Einwohner (Robert Koch-Institut 2011c, S.2).

3.3. Die Rolle der Gesundheitsämter

Grundvoraussetzung für eine schnelle und lückenlose Weiterleitung im Fall einer Epidemie ist die Meldung aller Verdachtsfälle an das Gesundheitsamt durch die gesundheitlichen Versorgungseinrichtungen, wie Krankenhäuser, Arztpraxen, Pflegeeinrichtungen, usw. Dem Gesundheitsamt kommt dann bei der Erstbewertung möglicher gesundheitlicher Gefahren durch biologische Agenzien im Sinne der Internationalen Gesundheitsvorschriften (IGV) ein besonderer Stellenwert zu. Schon bei einem Anfangsverdacht ist die zuständige Landesbehörde zu informieren und erste vorläufige Bekämpfungsmaßnahmen durchzuführen (Bergholz, et al. 2007, S.81/82).

Im Fall des EHEC-Ausbruchs 2011 wurde nach der Meldung der drei HUS-Fälle bei Kindern in Hamburg an das Gesundheitsamt, die zuständige Landesbehörde in Kenntnis gesetzt. Diese wiederum informierte das, auf nationaler Ebene verantwortliche, Bundesministerium des Inneren und das Bundesministerium für Gesundheit, welche das Robert Koch-Institut beauftragten tätig zu werden.

3.4. Die Arbeit des Robert Koch-Instituts

Wie schon im Kapitel 2.3. Meldepflicht erläutert, spielt das Robert Koch-Institut eine wichtige Rolle bei der Vorbeugung, Erkennung und Schadensbegrenzung bei absichtlichen oder natürlich auftretenden Seuchenausbrüchen. Das Robert Koch-Institut fungiert als zentrale Einrichtung der Bundesregierung auf dem Gebiet der Verhütung und Bekämpfung von Infektionskrankheiten. Es kann im Bedarfsfall den Landesgesundheitsämtern Unterstützungsleistungen anbieten, z.B. in Form von labordiagnostischen Kapazitäten, Unterstützung bei den Ausbruchsuntersuchungen oder kurzfristigen Bewertungen von Infektionsgeschehen u.a. auf der Homepage des Robert Koch-Instituts, im Epidemiologischen Bulletin und der Aktualisierung von Merkblättern und Empfehlungen. Nationale Anlaufstelle für die Weltgesundheitsorganisation ist in Deutschland das Lagezentrum des Bundesministeriums des Inneren. Aufgrund der Besonderheit der infektionsepidemiologischen Fragestellungen, die sicherlich den größten Teil der Meldungen ausmachen, führt das Robert Koch-Institut die Bewertung der Ereignisse durch und leitet diese ggf. an die nationale Anlaufstelle zur Meldung an die Weltgesundheitsorganisation weiter. Das Robert Koch-Institut ist zusätzlich zu den nationalen auch in internationale Expertennetzwerke eingebunden und pflegt unter anderem eine enge Zusammenarbeit mit dem Europäischen Zentrum für die Prävention und die Kontrolle von Krankheiten und anderen Organisationen (Bergholz, et al. 2007, S.83-85). Diese Zusammenarbeit hat sich im Fall des EHEC Ausbruchs 2011 auch bewährt, eng haben die Organisationen miteinander kooperiert.

Seit dem 20.05.2011 untersuchte das Robert Koch-Institut in enger Zusammenarbeit mit Gesundheits- und Lebensmittelbehörden des Bundes und der Länder den Ausbruch in Norddeutschland. Eine Vielzahl von epidemiologischen Studien folgte, welche alle aufeinander aufbauten, um die Ursache des Ausbruchs zunehmend einzugrenzen. Frühe explorative Befragungen von Patienten deuteten schnell darauf hin, dass ein Lebensmittel die Infektionsquelle sein musste. Rohmilch oder rohes Fleisch welche in früheren EHEC/HUS-Ausbrüchen als Infektionsquelle identifiziert wurden schienen aufgrund der Befragungsergebnisse im aktuellen Geschehen keine Rolle zu spielen.

Erste Fall-Kontroll-Studien ergaben, dass erkrankte Personen signifikant häufiger rohe Tomaten, Salatgurken und Blattsalate verzehrt hatten, als gesunde Studienteilnehmer. Da aber keine Eingrenzung der in Frage kommenden Gemüsesorten möglich war, hat das Robert Koch-Institut weitere Studien initiiert und durchgeführt (Robert Koch-Institut 2011a, S.19/20).

Um weniger abhängig vom Erinnerungsvermögen der befragten Patienten und Kontrollpersonen zu sein, hat das Robert Koch-Institut dann eine „Rezeptbasierte Restaurant-Kohortenstudie“ durchgeführt. Im Rahmen der Clustererkennung konnten 10 Gruppen mit insgesamt 176 Teilnehmern ausgemacht werden, die im selben Restaurant im Zeitraum 12.05-16.05.2011 gespeist hatten. Insgesamt erkrankten 31 Personen dieser Gruppen. Aufgrund von Buchungslisten des Restaurants waren die vorbestellten Gerichte prinzipiell schon bekannt. Die Gruppenteilnehmer wurden befragt welches Gericht sie bestellt hatten (Erinnerungshilfe mittels Fotografien). Der Koch wurde detailliert befragt, wie genau welches Menü zubereitet wurde und welche Mengen welcher Zutat in welchem Menü enthalten waren. Diese Studie ergab, dass Kunden, denen Sprossen serviert wurden ein 14,2-fach höheres Risiko hatten zu erkranken (Robert Koch-Institut 2011a, S.21).

Vom 29.05. - 04.06.2011 wurde dann eine weitere Fall-Kontroll-Studie durchgeführt. Hier wurde speziell nach Verzehr von Früchten und rohem Gemüse und der Bezugsquelle in den 2 Wochen vor Erkrankungsbeginn gefragt. Ergebnis dieser Studie war, dass Sprossen und Gurken signifikant mit der Erkrankung assoziiert waren, ebenso der außer Haus Verzehr. Dies könnte darauf hinweisen, dass Infektionen u.a. durch Verzehr in Kantinen und Restaurants erfolgte (Robert

Koch-Institut 2011a, S.22-24). All diese Studienerkenntnisse flossen in die Ermittlungen der Task Force EHEC ein und wurden nun gemeinsam fortgesetzt.

3.5. Task Force EHEC

Am 03. Juni wurde durch das Bundeministerium für Ernährung, Landwirtschaft und Verbraucherschutz eine Task Force, bestehend aus Experten aus den fünf Bundesländern, Niedersachsen, Schleswig-Holstein, Mecklenburg-Vorpommern, Hamburg und Bayern, dem Bundesamt für Verbraucherschutz und Lebensmittelsicherheit, dem Bundesinstitut für Risikobewertung und Experten des Robert Koch-Institutes einberufen und gegründet.

Ziel dieser Task Force war es, das für den EHEC O104:H4 Ausbruch verantwortliche Lebensmittel zu identifizieren und den Ausbruch zu stoppen. In der ersten Phase wurde das mit dem EHEC Erreger assoziierte Lebensmittel gesucht. Hier konnte die Task Force auf die schon erhobenen Daten des Robert Koch-Instituts zurückgreifen, diese ergaben einen Zusammenhang zwischen dem Verzehr von Gurken, Tomaten und Blattsalat und einer EHEC Infektion. Im Fokus standen nun alle mit „Salat" assoziierten Lebensmittel, insbesondere sogenannte „kleine Salatbestandteile", wie z.B. Toppings. Die endgültige Lebensmittelliste enthielt dann 90 Positionen. Die Wissenschaftler der European Food Safety Authority unterstützten die Task Force mit der Entwicklung einer Datenbank und einem Programm zur Datenbankanalyse (Bundesamt für Verbraucherschutz und Lebensmittelsicherheit 2011, S. 2-4).

Nachdem dann die Sprossen als EHEC behaftetes Lebensmittel identifiziert wurden begann Phase II, hier wurde die Quelle des Erregers gesucht. Der Zeitraum indem die Quelle des Erregers aktiv war konnte eingegrenzt werden. Die Untersuchungen zur Herkunft aller einzelnen Salatbestandteile zeigten, dass die Sprossen aus dem Gartenbaubetrieb in Niedersachsen in allen fünf clustermäßigen Ausbruchsorten (Orte mit einer deutlichen Erkrankungshäufung) Verwendung fanden. Am 13. Juni wurde die Aufklärung der Lieferketten für Sprossen aus dem niedersächsischen Gartenbaubetrieb abgeschlossen, nachdem sich herausgestellt hatte, dass 41 der bekannten Ausbruchscluster mit Sprossen aus dem Betrieb beliefert worden waren. Jetzt galt es herauszufinden wie die Sprossen mit dem EHEC Erreger kontaminiert wurden. Es gab mehrere Möglichkeiten. Das im Betrieb verwendete Wasser, die dort arbeitenden Menschen, oder aber auch bereits bei der Anlieferung behaftete Samen hätten die Ursache sein können. Es wurden verschiedene Chargen von Samen untersucht, aber auf keiner Charge, zum Zeitpunkt der Betriebskontrolle, wurde EHEC O104:H4 nachgewiesen. Letztendlich blieben als Hauptverdächtige lediglich zwei Chargen von Bockshornkleesamen übrig, diese wurden allesamt als Bioware aus Ägypten importiert (Bundesamt für Verbraucherschutz und Lebensmittelsicherheit 2011, S.3-9).

Am 24. Juni wurde dann ein Krankheitsausbruch in Frankreich, nach Verzehr einer selbstgezogenen Sprossenmischung, mit dem EHEC O104:H4 Erreger bekannt. Eine molekularbiologische Feintypisierung belegte, dass die EHEC O104:H4 Stämme in beiden Ausbrüchen identisch waren. Auch konnte in beiden Fällen nachgewiesen werden, dass es sich um die gleichen Chargen der Bockshornkleesamen handelte. Auch wenn es keinen positiven Nachweis des Erregers gab, konnte mit großer Wahrscheinlichkeit belegt werden, dass die Sprossen die Ursache des Ausbruchs waren (Bundesamt für Verbraucherschutz und Lebensmittelsicherheit 2011, S.15-16).

Am 06. Juli hat die Europäische Kommission einen „Durchführungsbeschluss über Sofortmaßnahmen hinsichtlich Bockshornkleesamen sowie bestimmter Samen und Bohnen aus Ägypten“ bekannt gegeben. Sämtliche Chargen Bockshornkleesamen die im Zeitraum 2009-2011 aus Ägypten eingeführt wurden, werden vom Markt genommen und vernichtet. Weiterhin wird die Einfuhr von bestimmten Samen und Sprossen aus Ägypten in die EU bis einschließlich 31. Oktober 2011 verboten (Bundesamt für Verbraucherschutz und Lebensmittelsicherheit 2011, S.17).

Mit der Aufklärung des EHEC Ausbruchs am 05. Juli 2011 endete die Arbeit der Task Force. Zeitgleich mit der detektivischen Arbeit bei der Suche nach der Ursache des Ausbruchs wurde in den betroffenen Krankenhäusern täglich um das Überleben der schwerkranken Patienten gekämpft. Auch hier musste sehr gut auf vielen Ebenen koordiniert und gehandelt werden.

4. Krisenmanagement der Krankenhäuser

4.1. Am Beispiel des Universitätsklinikums Schleswig-Holstein

Knapp 300 EHEC- und HUS-Patienten wurden während der EHEC-Krise am Universitätsklinikum Schleswig-Holstein (UKSH) ambulant und stationär versorgt, berichtet der pflegerische Direktor Robert Green aus Kiel. Dieses konnte nur durch hervorragende interdisziplinäre Zusammenarbeit und der Unterstützung von Pflegekräften aus anderen Kliniken bewältigt werden. Die Krise dauerte rund vier Wochen, 50 freiwillige Pflegekräfte aus insgesamt 13 Kliniken unterstützten das Personal am UKSH. Es wurden zusätzliche Isolierstationen, zum Teil auch in Privatstationen und in Aufwachräumen, eingerichtet. Ärzte, Pflege- und Servicekräfte arbeiteten nahezu rund um die Uhr, Operationen wurden verschoben und Fortbildungsmaßnahmen fielen aus. Alle mussten umdenken, denn auf eine Krise in dieser Größenordnung konnte man personell und räumlich nicht vorbereitet sein (vgl. Green 2011, S.25/26).

Eine interdisziplinäre Task Force der Internisten und der Mikrobiologen analysierte und bewertete täglich die aktuellen Fälle. In enger Zusammenarbeit mit den Gesundheitsämtern des Landes und dem Robert Koch-Institut in Berlin wurden die neuen Fälle täglich gemeldet (Grieve 2011a, S.2).

Für die Versorgung nur eines HUS-Patienten mit der empfohlenen Plasmapherese-Therapie (Verfahren zum Austausch des Blutplasmas) wurden täglich zehn Blutspender benötigt. Durch einen entsprechenden Spendenaufruf verdoppelte sich die Zahl der Blutspender, so dass täglich bis zu 400 Freiwillige in Kiel und Lübeck zur Spende kamen. Vertreter aus Regierung, Politik und öffentlichem Leben gingen mit ihren persönlichen Blutspenden mit gutem Beispiel voran (Grieve 2011b, S.1).

Die Ärzte und die Teamleitungen aller betroffenen Stationen trafen sich täglich frühmorgens und am Nachmittag mit dem Krisenstab des Klinikums zur Lagebesprechung, hier wurden neue Fälle besprochen, Therapieoptionen diskutiert, sich ausgetauscht und personelle Engpässe versucht zu besetzen. Dialysegeräte mussten beschafft werden, genauso wie Unmengen an Zubehör und Verbrauchsmaterialien, z.B. kartonweise Einmalkittel und Schutzhandschuhe.

Die Erkrankung HUS ist in der Pädiatrie nicht unbekannt. Auf der Kinderintensivstation kommt es ca. 1-2-mal im Jahr vor, dass ein Patient vorübergehend aufgrund einer EHEC-Infektion mit der Dialyse (Blutreinigungsverfahren) therapiert werden muss. Während der Epidemie 2011 war das Team der Kinderintensivstation des UKSH auf dem Campus Lübeck vor eine große Herausforderung gestellt. 5 schwerkranke Kinder im Alter von 7-16 Jahren mussten gleichzeitig versorgt werden, ein 2 jähriges Mädchen war nicht dialysepflichtig und wurde auf der Infektionsstation betreut.

4.2. Bedeutung für den pflegerischen Alltag

Um die Hygienemaßnahmen, die erforderlich waren, einhalten zu können, wurde die Station komplett umgeräumt. Nur das Patientenzimmer für kranke Neugeborene und Frühgeborene war groß genug um alle EHEC Patienten zu kohortieren, also gemeinsam und von anderen Patienten getrennt in einem Zimmer zu betreuen. Personell und räumlich wäre eine Einzelzimmerlösung nicht umsetzbar gewesen. Bis zu 4 Kinder waren gleichzeitig an Dialysegeräten auf der Station, die zwei ältesten Mädchen wurden später in der Dialyseeinheit der Erwachsenen therapiert.

Deutlich geringer waren die neurologischen Ausfälle bei den Kindern (wie z.B. Doppelbilder sehen), diese waren bei den erwachsenen Patienten doch sehr viel ausgeprägter. Eine enge Zusammenarbeit mit den Kolleginnen der Physiotherapie war Voraussetzung für die Erhaltung der Mobilität und der Prophylaxe einer Pneumonie, denn die Kinder trauten sich kaum sich auch nur einen Zentimeter zu bewegen, da das Dialysegerät sehr schnell Alarm gab. Der notwendige großlumige Dialysekatheter war unangenehm und schmerzte bei den Bewegungen. Zu den vielfältigen pflegerischen Aufgaben wurde zunehmend psychologische Betreuung für die Kinder aber auch die Eltern notwendig, die sich alle in einem Ausnahmezustand befanden. Schmerzen, Angst, die ungewohnte Umgebung, eine nicht zu verhindernde Geräuschkulisse, am Tage bis zu 15 Personen in einem Raum und die kleineren Kinder oft am Weinen, das alles zusammen machte eine spannungsgeladene Atmosphäre. Für die Eltern eine harte Zeit, sie versuchten alles um ihre Kinder abzulenken und zu beschäftigen indem sie Geschichten erzählten, Fotos betrachteten oder ein Buch vorlasen, ein kleiner tragbarer DVD Player verschaffte den Eltern ab und an kleine Erholungsphasen. Diese brauchten sie dringend, denn auch die Eltern saßen stundenlang in Kittel und Handschuhen am Bett ihrer Kinder. Krankenhausseelsorger und Sozialarbeiter begleiteten die Eltern und unterstützten wo es möglich war. Zur Sorge um das erkrankte Kind kamen auch noch Sorgen um die Betreuung von Geschwisterkindern, den Arbeitsplatz, Fahrtkosten usw. Die beiden Kleinsten mit 7 und 8 Jahren mussten in den ersten Wochen ohne Mutter, bzw. Vater auskommen, da diese auch erkrankt waren und nicht zu ihren Kindern durften oder selber noch als Patient in der Klinik lagen. Ängste nehmen, beruhigende

Worte finden und all die vielen Fragen beantworten, ein nicht enden wollender Albtraum für die Pflegkräfte. Die Grenze der Belastbarkeit wurde oft erreicht. Alle Kinder überlebten und so wich die Anspannung der EHEC-Wochen dann auch einer unendlichen Dankbarkeit.

5. Schlussbetrachtung und Ausblick

Aller Kritik zum Trotz hat die EHEC-Epidemie gezeigt, dass Bund, Länder, Wissenschaft und Forschung geschlossen gehandelt haben und ein für Deutschland bisher einmaliges Ausbruchsgeschehen durch einen seltenen, aggressiven Keim, der durch Lebensmittel übertragen werden kann, erfolgreich bewältigt. Laut Bundesinstitut für Risikobewertung konnten in der Vergangenheit rund 75% der EHEC-Fälle nicht aufgeklärt werden. Problem war, dass die in Verdacht geratenen Lebensmittel zum Zeitpunkt der Erkrankungen und späteren Untersuchungen oft schon verbraucht waren. Der intensiven Zusammenarbeit von deutschen und europäischen Behörden ist es zu verdanken, dass mit an Sicherheit grenzender Wahrscheinlichkeit die Ursache für den EHEC-Ausbruch 2011 identifiziert werden konnte (Bundesministerium für Ernährung, Landwirtschaft und Verbraucherschutz 2011,S.1).

Die Vielzahl der involvierten Ministerien, Ämter und Institute führte allerdings zu Verwirrungen, nicht nur bei der Bevölkerung sondern auch bei den Medien bis hin zu den Politikern selbst. Hier fehlte es an der nötigen Transparenz, welche letztendlich auch zu unnötigen Verzögerungen bei der Ursachenfindung für den EHEC-Ausbruch führte. Das Krisenmanagement des Bundes und der Länder muss dringend neu strukturiert werden um schneller und effizienter arbeiten zu können.

Die am Bundesamt für Verbraucherschutz etablierte Task Force, welche zur Aufklärung der EHEC-Epidemie erstmalig in Deutschland eingesetzt wurde, hat erfolgreich gearbeitet. Die Spezialisten von Bund, Ländern und der Europäischen Union setzten viele tausend Einzeldaten, sowohl von der medizinischen Seite als auch von den Lebensmittelbehörden zu einem mosaikartigen Gesamtbild zusammen. Auch die Rückverfolgbarkeit der Waren wies zum Teil große Lücken auf. Lebensmittelhersteller müssen gegenüber den Behörden jederzeit belegen können, von wem sie welche Waren erhalten haben und an wen sie welche Lebensmittel weitergegeben haben, dies war im EHEC-Geschehen 2011 vielfach nicht nachvollziehbar und bedarf der dringenden Verbesserung.

Je nach Medium war die Berichterstattung zum Thema EHEC in der ganzen Bandbreite von sachlich nüchtern bis hin zu reißerisch. So manch eine Boulevardzeitung hat dann auch eher Ängste geschürt indem sie auf das Sensationsbedürfnis abzielte. Von „Killer-Keimen im Darm" war in den Schlagzeilen zu lesen und auch ein Terroranschlag wurde nicht ausgeschlossen Im Nachhinein muss jedoch festgestellt werden, dass die Berichterstattung überwiegend angemessen war.

Glaubt man der Pressemitteilung des Bundesgesundheitsministeriums, sind Verbraucher ein Jahr nach der EHEC-Epidemie in Deutschland besser vor Lebensmittelinfektionen geschützt. Strengere Hygienevorschriften bei der Herstellung, engmaschigere amtliche Kontrollen und neue Strukturen des Krisenmanagements sollen die Lebensmittel in Deutschland noch sicherer machen. Die Rückverfolgbarkeitssysteme, besonders von kleinen und mittleren Betrieben, werden im Rahmen des „Bundesweiten Überwachungsplans 2012" auf unverzügliche und vollständige Verfügbarkeit der Daten bzw. Dokumente überprüft (Bundesministerium für Gesundheit 2012, S.1-3).

Bundesverbraucherministerin Aigner hat den Präsidenten des Bundesrechnungshofes gebeten die komplexen Strukturen des gesundheitlichen Verbraucherschutzes in Deutschland zu überprüfen. Dieser hat bestätigt, dass in einigen Bereichen Handlungsbedarf besteht- sowohl bei den Überwachungsstrukturen in den Ländern als auch beim Bund. Bei künftigen Lebensmittelkrisen empfiehlt der Bundesbeauftragte einen nationalen Krisenstab einzusetzen, der über die erforderlichen Kompetenzen verfügt, um schnell agieren und die Informationen für die Öffentlichkeit bündeln zu können. Auch ist geplant, am Bundesamt für Verbraucherschutz und Lebensmittelsicherheit die notwendigen Strukturen zu schaffen, damit die Task Force jederzeit einsatzbereit ist. Verbraucherministerin Aigner kündigt an, dass es bis September 2012 konkrete Ergebnisse geben soll (Bundesministerium für Gesundheit 2012, S.3-4).

Das Krisenmanagement auf medizinischem Gebiet hat hervorragende Arbeit geleistet, das Personal arbeitete Hand in Hand und bis an die Grenze der Belastbarkeit, trotzdem kam für 53 Patienten jede Hilfe zu spät. Für die Krankenhäuser entstand ein hoher finanzieller Schaden, laut gemeinsamer Pressemitteilung des UKSH und der gesetzlichen Krankenkassen vom 28.06.2012 erhält das UKSH einen einmaligen Pauschalbetrag von 1,5 Millionen Euro für den zusätzlichen Aufwand im Zusammenhang mit der EHEC-Epidemie. Entsprechende Vereinbarungen wurden auch mit den weiteren betroffenen Schwerpunktkrankenhäusern in Schleswig-Holstein vereinbart Diese Zahlungen sind eine freiwillige Leistung der Krankenkassen, denn das vom Gesetzgeber vorgegebene Abrechnungssystem von Krankenhausbehandlungen über Fallpauschalen sieht die Abgeltung von zusätzlichen Aufwendungen, wie sie bei einem Ausbruch einer Epidemie in nicht unerheblicher Höhe entstehen, nicht vor (Grieve 2012, S.1).

Eine weitere Lehre kann aus der EHEC-Krise gezogen werden: Laut Professor Dr. Jens Scholz bedarf moderne Krankenhausversorgung der anspruchsvollen Forschung. Dafür ist es von großer Wichtigkeit, dass eine adäquate finanzielle und räumliche Ausstattung, in der Ärzte und Wissenschaftler ihre Kreativität frei entfalten können, möglich gemacht wird. Die Umsetzung dieser Erkenntnis kann bei der nächsten Epidemie Leid und Geld sparen (Grieve 2011c, S.1).

Diese Arbeit hat gezeigt wie komplex und zeitaufwändig die Suche nach der Ursache der EHEC-Epidemie war. Nur wenn alle Instanzen an einem Strang ziehen und ihre Arbeit auch transparent machen ist es möglich für eine schnelle Aufklärung zu sorgen um damit eine weitere Ausbreitung zu stoppen. Bei der nächsten Epidemie, und diese wird uns mit Sicherheit irgendwann wieder überraschen, wird sich zeigen wie gut die Lehren aus der letzten Krise umgesetzt werden konnten.

6. Literaturverzeichnis

Adolfs, Julian et al(2011): EHEC-Ausbruch 2011-Aufklärung des Ausbruchs entlang der Lebensmittelkette, in: Publikation Bundesinstitut für Risikobewertung-Wissenschaft, 23.12.2011, 04/2011. Download: 28.04.12, http://www.bfr.bund.de.

Bergholz, A, et al.(2007): Konsequenzen aus der Einführung der neuen internationalen Gesundheitsvorschriften für Deutschland, in: Bundesamt für Bevölkerungsschutz und Katastrophenhilfe (Hrsg.), Biologische Gefahren I, Handbuch zum Bevölkerungsschutz, Bonn, 3.Aufl.,S.73-85.

Bundesamt für Verbraucherschutz und Lebensmittelsicherheit(2011): Ergebnisbericht der Task Force EHEC zur Aufklärung des EHEC O104:H4 Krankheitsausbruchs in Deutschland, Artikel vom 08.06.2011. Download: 02.05.12, http://www.bvl.bund.de.

Bundesministerium für Ernährung, Landwirtschaft und Verbraucherschutz (2011): EHEC: Umfangreiches Maßnahmenpaket schützt Verbraucher, Download:29.04.12. http://www.bmelv.de/shareddogs/Standardartikel/Ernährung/Sicherheit .

Bundesinstitut für Risikobewertung(2011): EHEC-Ausbruch2011: Aktualisierte Analyse und abgeleitete Handlungsempfehlungen, Stellungnahme Nr. 049/2011 des BfR vom 23.11.2011, Download: 20.05.12, http://www.bfr.bund.de.

Bundesministerium für Gesundheit(2012): Ein Jahr nach der EHEC-Epidemie sind Verbraucher in Deutschland besser vor Lebensmittelinfektionen geschützt, Berlin, Mai 2012, Download: 21.06.2012. http://www.bmg.bund.de/praevention/gesundheitsgefahren/ehec.html.

Georgi, Peter und Bierbach, Elvira(2007): Infektionskrankheiten und Infektionsschutzgesetz, Elsevier GmbH, München, 2.Aufl.

Green, Robert (2011): Solidarität in der EHEC-Krise, in: UKSH Forum, Ausgabe Oktober 2011, S.25-26.

Grieve, Oliver(2011a): EHEC-Krise: Krisenmanagement im UKSH, in Pressemitteilung des UKSH, 27.05.2011, Download:01.05.2012, http://www.uksh.de/Presse/Pressemitteilungen.html.

Grieve, Oliver(2011b): EHEC-Krise. Lagebericht Universitätsklinikum Schleswig-Holstein, Pressemitteilung des UKSH, 03.06.2011, Download:01.05.2012, http://www.uksh.de/Presse/Pressemitteilungen.html.

Grieve, Oliver(2011c): Ein Haus für die Gesundheit, Pressemitteilung des UKSH, 20.06.2011, Download:01.05.2012, http://www.uksh.de/Presse/Pressemitteilungen.html.

Grieve, Oliver(2012): UKSH erhält 1,5 Millionen Euro für EHEC-Behandlungen 2011, in Pressemitteilung des UKSH, 28.06.2012, Download:01.07.2012 http://www.uksh.de/Presse/Pressemitteilungen.html.

Hansestadt Lübeck(2011), Der Bereich Gesundheitsamt informiert über Enterohämorrhagischer Escherischia Coli (EHEC) und hämolytisch-urämisches Syndrom (HUS), Merkblatt Stand Dezember 2011. Download: 28.04.2012 http://www.luebeck.de/bewohner/umwelt_gesundheit/gesundheit/infektionsschutz/index.html.

Robert Koch-Institut (2011a), Sachstandsbericht: EHEC/HUS O104:H04 Ausbruch Deutschland, Mai/Juni 2011, 30.06.2011. Download: 02.05.2012 http://www.rki.de.

Robert Koch-Institut(2011b), Hygienemaßnahmen bei stationären Patienten mit hämolytisch-urämischem Syndrom (HUS) bzw. blutigen Durchfällen durch Enterohämorrhagische Escherischia coli (EHEC), 25.05.2011.

Download: 28.04.2012 http:// www.rki.de.

Robert Koch-Institut(2011c), Abschließende Darstellung und Bewertung der epidemiologischen Erkenntnisse im EHEC O104:H4 Ausbruch, Deutschland 2011, Berlin 2011.Download: 28.04.2012 http://www.rki.de.

Einzelbände

Business Continuity Management bei Pandemien

ISBN: 978-3-638-72726-6

Pandemien. Herausforderung für das Risikomanagement von Unternehmen?

ISBN: 978-3-640-32202-2

Krisenmanagement im Fall einer Epidemie am Beispiel des EHEC-Ausbruchs 2011 in Deutschland und seine Bedeutung für den pflegerischen Alltag

ISBN: 978-3-656-30278-0